Und bist Du nicht willig...
DIE TÄTER

Und bist Du nicht willig...
DIE TÄTER

Aus dem Englischen von Karin Ayche

Volksblatt Verlag
Köln 1991

Titel der englischen Originalausgabe *Women, Men and Rape*
© by Ray Wyre & Anthony Swift
First published in Great Britain in 1990 by Hodder & Stoughton, Sevenoaks

© der deutschen Erstausgabe Volksblatt Verlag, Köln, April 1991
Aus dem Englischen von Karin Ayche
Lektorat Rainer Osnowski
Titel Dorothee Wolters
Layout und Satz DTP Service Hartwig + Runge
Druck Duerinck b.v., NL-Kloosterzande
Printed in The Netherlands
Alle Rechte vorbehalten
ISBN 3-923243-69-3

Inhalt

Vorwort zur deutschen Ausgabe *7*

Hinweis an die LeserInnen *11*

EINS
Wie reagieren Frauen, wenn sie überfallen werden? *17*

ZWEI
Es gibt unterschiedliche Tätertypen *27*

DREI
Eine Vergewaltigung läßt sich
in verschiedene Phasen einteilen *41*

VIER
Sexueller Mißbrauch an Mädchen und Jungen *65*

FÜNF
Obszöne Anrufe *89*

SECHS
Öffentlichkeit, Ermittlungsbehörden, Medien *99*

ANHANG
Anmerkungen *119*
Hilfreiche Adressen *124*
Die Autoren *125*

Vorwort zur deutschen Ausgabe

Ein Buch über Täter, mitherausgegeben von *Zartbitter Köln e.V.*, einer parteilich für Opfer arbeitenden Kontaktstelle gegen sexuellen Mißbrauch an Mädchen und Jungen – ist das nicht ein Widerspruch?

Sicherlich nicht! Denn die Arbeit mit Opfern sexueller Gewalt hat gezeigt, daß ein »rein« parteilicher Standpunkt im Sinne der ausschließlichen Konzentration auf das Opfer oftmals zu einer »blinden« Parteilichkeit verleitet. Die übermäßige Identifizierung mit dem Opfer führt nicht selten zu einer Dämonisierung des Täters und schränkt so die Handlungsmöglichkeiten von SozialarbeiterInnen und TherapeutInnen erheblich ein. So sehen sie den Täter mit den Augen der betroffenen Mädchen, Jungen und Frauen und übernehmen deren Angst, Ohn-Macht und Sprachlosigkeit.

Das Wissen über Tätertypologien und die Strategien der Mißbraucher bei ihrer Opfersuche erweitern den Handlungsspielraum in der parteilichen Arbeit für die Opfer.

Die Beobachtung des Täterverhaltens kann – unabhängig von den Aussagen des Opfers – wichtige Indizien liefern und so das betroffene Mädchen, den Jungen oder die Frau entlasten. Überdies kann eine gelungene Täterkonfrontation die Belastungen des Opfers im Gerichtsverfahren reduzieren und den Weg der Verarbeitung des Mißbrauchs abkürzen helfen.

Allerdings liegt im Kontakt mit dem Täter immer die Gefahr, daß dieser von der für sexuelle Gewalt typischen Dynamik der »Verführung der Professionellen durch den Täter« bestimmt wird. So können sich HelferInnen im Kontakt mit dem Täter nicht mehr vorstellen, daß dieser (sympathische) Mann *das* gemacht haben soll. Es ist auch möglich, daß der Aggressor ein Teilgeständnis ablegt und dabei das – irreführende – Gefühl vermittelt, er zeige Zeichen der Reue und eine Bereitschaft zur Veränderung.

Fundiertes Wissen über Tätertypologien und -strategien ist die Voraussetzung dafür, um die Verteidigungsstrategien des Täters zu entlarven und die Interessen des Opfers nicht zu vergessen.

Ray Wyre arbeitet als Therapeut mit Tätern. Seine Erfahrungen widerlegen den Mythos, sexuelle Gewalt sei oftmals ein zufälliger und einmaliger Fehltritt. Anhand von zahlreichen Fallbeispielen belegt der englische Tätertherapeut vielmehr, daß sexuelle Gewalt eine Wiederholungstat ist. Er zeigt auch, wie systematisch sich Täter ihre Opfer suchen und die Gewalttaten vorbereiten.

Die Erfahrungen von *Zartbitter Köln* bestätigen die Aussagen des Autors: die Täter haben in der Regel viele Opfer. Selbst bei innerfamilialem sexuellen Mißbrauch ist es der Ausnahmefall, wenn nur die Tochter/der Sohn sexuell ausgebeutet wird. Fast immer mißbraucht der Täter ebenso z.B. deren/dessen SchulfreundIn, die Cousine oder das Nachbarskind.

Die Tatsache, daß Ray Wyre fast ausschließlich mit verurteilten Tätern arbeitet, die »freiwillig« stationäre Therapie statt Inhaftierung wählen, bestimmt seine Erfahrungen. Verurteilt werden vorrangig sogenannte (fixierte) Pädophile – Männer also, die meist selbst als Junge sexuell mißbraucht wurden. Diese suchen sich im

Sinne eines Wiederholungszwanges immer wieder Kinder, um an ihnen das selbst erlittene Verbrechen zu wiederholen. Unter Berücksichtigung dieses besonderen Klientels sind die Aussagen des Autors über die sexuellen Gewalterfahrungen der Täter in der Kindheit zu relativieren und nicht einfach auf alle Tätertypen übertragbar.

Wyres Beobachtung, daß Täter meist keinen Druck oder Gewalt auf Kinder ausüben, stimmen mit den Erfahrungen von *Zartbitter Köln* nicht überein. Es ist zwar richtig, daß Pädophile – über die Ray Wyre vorrangig berichtet – Mädchen und Jungen in der Regel »verführen und hofieren«. Doch die sadistischen Formen sexueller Gewalt haben eine weitaus größere Dimension, als gemeinhin angenommen. Sie sind nur weitaus weniger bekannt, sodaß sie nicht ausreichend dokumentiert werden können.

Die wenigen vorliegenden Berichte sind erschütternd: Ein Dreijähriger, dessen Mund mit Brennesseln ausgerieben wurde, damit er nicht mehr über die analen Vergewaltigungen spricht. Eine Fünfjährige, die sich auf Steinen knien mußte, während sie oral vergewaltigt wurde. Ein kleiner Junge, dem Nadeln durch den Penis gesteckt wurden... Berichte, die eher parteilich arbeitende Selbsthilfeprojekte und Kontaktstellen hören als ein Tätertherapeut. So wundert es auch nicht, daß in diesem Buch die sadistischen Formen sexuellen Mißbrauchs an Mädchen und Jungen nicht entsprechend berücksichtigt werden konnten, denn sadistische Mißbraucher sind noch weniger bereit, an einem Programm »Stationäre Therapie« teilzunehmen als etwa Pädophile.

Obgleich nicht alle Aussagen dieses Buches über sexuellen Kindesmißbrauch auf alle Tätertypen einfach übertragbar sind, leisten Ray Wyre und Anthony Swift mit ihrer Veröffentlichung, die bei ihrem Erscheinen in Großbritannien großes Aufsehen erregt hat, einen wichtigen Beitrag zur Weiterentwicklung der Diskussion über Täter: Sie lüften das Tabu über die systematische Ausbeutung von Mädchen und Jungen durch Pädophile, die oftmals Berufe im Erziehungsbereich wählen, um so leichten Zugang zu möglichst vielen potentiellen Opfern zu bekommen. In der bundesdeutschen Fachdiskussion wird die sexuelle Gewalt gegen Mädchen und Jungen in Institutionen der öffentlichen Erziehung noch weitestgehend tabuisiert. Pädophilie wird dabei oftmals verharmlost und nicht als sexueller Mißbrauch gewertet.

In der öffentlichen Diskussion über sexuellen Mißbrauch an Kindern wird allzu leicht das Ausmaß der sexuellen Gewalt gegen Frauen vergessen. Das vorliegende Buch ist auch daher von großer Bedeutung, weil es den Zusammenhang zwischen sexuellem Mißbrauch an Mädchen und Jungen und der Vergewaltigung und Belästigung erwachsener Frauen umfassend aufzeigt.

Dieses Buch gibt Impulse für die Weiterentwicklung der Hilfen für Mädchen, Jungen und Frauen. Zu hoffen bleibt, daß es endlich auch Männer motiviert, Konzepte zur Tätertherapie mitzuentwikkeln, die den Gewaltanteil der Sexualdelikte realistisch einschätzen und nicht länger verharmlosen.

Nur so kann allen – Opfern wie Tätern – geholfen werden.

Ursula Enders, Zartbitter Köln, im April 1991

Hinweis an die LeserInnen

1988 haben in Großbritannien fast 3.000 Frauen eine Anzeige wegen Vergewaltigung erstattet – eine Steigerung von 16 Prozent.[1] Insgesamt wurden 26.529 Sexualverbrechen verzeichnet. Doch diese Angaben verschleiern das ungeheuerliche Ausmaß der Situation eher, als daß sie sie beschrieben, denn bekanntlich erstatten die meisten Frauen, die eine solche entsetzliche Erfahrung machen, keine Anzeige.

In den Vereinigten Staaten gehen die Schätzungen davon aus, daß nur jede vierte bis zehnte Vergewaltigung gemeldet wird.[2] Was Großbritannien angeht, so wissen wir, daß 75 Prozent der Frauen, die sich an *London Rape Crisis*, den Londoner Vergewaltigungs-Notruf, wenden, nicht zur Polizei gehen. Eine Umfrage der Zeitschrift *Company* unter ihren Leserinnen ergab, daß zehn Prozent schon einmal einen Überfall, eine Vergewaltigung oder eine versuchte Vergewaltigung erlebt hatten, aber nur drei Prozent zur Polizei gegangen waren.[3] Wenn wir alle anderen Formen sexuellen Mißbrauchs von Frauen – die psychologisch ebenso destruktiv sein können wie eine Vergewaltigung – einbeziehen, die ebenfalls nicht angezeigt wurden, sowie den sexuellen Mißbrauch von Kindern, dann muß diese Art der Gewalt in unserer Kultur sehr viel alltäglicher sein, als wir gemeinhin annehmen.

In Therapiesitzungen, Workshops und Selbsthilfegruppen sprechen Frauen häufig zum ersten Mal über Straftaten, die sie nie der Polizei gemeldet haben und die oft an ihnen verübt wurden, als sie noch Kinder waren.

Aus dem Blickwinkel des Täters ergibt sich ein ähnliches Bild. Zahlreiche Strafgefangene haben in Therapiegesprächen Straftaten gestanden, die nie verfolgt wurden. Die meisten hatten bei der polizeilichen Vernehmung und vor Gericht erfolgreich den Eindruck vermittelt, ihre Straftaten seien einmalige Vorkommnisse gewesen. Ein Mann gab zu, daß er pro Woche drei bis vier Frauen überfallen hatte. Als er gefaßt wurde, war er gerade dabei, ein weiteres Opfer zu vergewaltigen. Mark – der Täter – erzählte, er habe diese Überfälle mehr als zwei Jahre lang verübt, bevor er wegen Vergewaltigung verurteilt wurde. Sein Hauptmotiv war, daß er den Frauen Angst einjagen wollte.

Das New Yorker Institut für Psychiatrie, das sich auf die Behandlung von Sexualstraftätern spezialisiert hat, kommt zu dem Ergebnis, daß der durchschnittliche Vergewaltiger 7,5 Mal zuschlägt. Aber es gibt Hinweise darauf, daß diese Zahl tatsächlich noch viel höher liegt: Im State Hospital von Oregon wurden 53 Täter behandelt, die zusammen 25.757 Sexualverbrechen begangen hatten.[4]

Die Vergewaltigungsrate wird vermutlich so lange steigen, bis die Behörden endlich einsehen, wie wichtig die therapeutische Behandlung von Sexualstraftätern während der Haftstrafe und bei ihrer anschließenden Rückkehr in die Gesellschaft ist. Auch muß der Wille bestehen, die sozialen und psychologischen Wurzeln dieser Form von Gewalt zu sehen und zu verstehen und entsprechende Initiativen zu unterstützen.

Den Autoren ist durchaus bewußt, daß dieses Buch nicht nur begeistert aufgenommen werden wird und daß immer mehr Frauen widerwillig reagieren, wenn Männer ihnen sagen wollen, wie sie ihr Leben zu leben und was sie davon zu halten haben. Wie kommen männliche Autoren dazu, ein Buch zu schreiben, das zu einem großen Teil die Reaktionen von Frauen auf Vergewaltigung betrifft? Die Antwort ist, daß es in diesem Buch vor allem um Männer geht – um die Art von Männern, die Sexualverbrechen an Frauen begehen –, ohne daß aber die oft verheerende Wirkung solcher Verbrechen auf die Frauen, die sie überlebt haben, außer acht gelassen wird.

Das vorliegende Buch basiert zu einem großen Teil auf den Berichten von Straftätern, die sich innerhalb und außerhalb von Strafvollzugsanstalten einer Therapie unterzogen haben, und soll Informationen darüber vermitteln, wie sie über ihre Überfälle denken und wie sie sie planen, wie sie die in unserer Gesellschaft herrschenden Vorstellungen zur Rechtfertigung ihrer Taten heranziehen und was die unterschiedlichen Reaktionen der Frauen bei ihnen auslösen.

Die Autoren zeigen, daß es unterschiedliche Typen von Sexualstraftätern gibt, von denen einige weniger gefährlich und durch bestimmte Reaktionen ihrer Opfer eher abzuwehren sind als andere – auch wenn Vergewaltigung immer eine bedrohliche Erfahrung bleibt.

Sie machen deutlich, daß Vergewaltigung nicht die spontane Tat eines Mannes in den Fängen eines unkontrollierbaren sexuellen Drangs ist, sondern oft ein in der Phantasie vielfach durchgespielter Versuch, über einen anderen Menschen Gewalt auszuüben. Sie vertreten den Standpunkt, daß Vergewaltigung nicht ein einzelner gewalttätiger Vorfall ist, über dessen Zustandekommen durch Sieg oder Niederlage in einem vorausgehenden psychischen Kampf entschieden wird. Vergewaltigung ist ein komplexer verstandesmäßiger, emotionaler und physischer Prozeß, in dem die Überlebende in jeder Phase versuchen kann, sich ein gewisses Maß an Kontrolle über die Situation zu bewahren.

Sie halten psychologische und emotionale Strategien für sinnvoller als reine körperliche Selbstverteidigungstechniken.

Und sie haben Reformvorschläge für die Behandlung von Sexualstraftätern ausgearbeitet, die dazu beitragen könnten, die Vergewaltigungsrate zu reduzieren. Die Autoren hoffen, daß dieser Einblick in das Denken und Handeln männlicher Sexualtäter Frauen hilft, die Art der Bedrohung, die sich gegen sie richtet, besser einschätzen zu können und im Fall eines Angriffs besser gerüstet zu sein, und daß Männer entdecken, wie unangemessen gewisse gemeinhin akzeptierte Einstellungen zu Frauen und zu Vergewaltigung sind.

Die meisten Angaben in diesem Buch stammen von Sexualstraftätern in Großbritannien und anderen Ländern, die freiwillig an einem Behandlungsprogramm teilgenommen haben, dessen Ziel es war, ihnen zu helfen, ihr Verhalten steuern zu können, und die Gefahr, die sie für die Gesellschaft darstellten, zu reduzieren. Sachverständige und GutachterInnen verschiedener Träger haben Protokolle zur Verfügung gestellt, es wurden Berichte von Einzelpersonen herangezogen, die mit sexuellen Problemen eine Beratungsstelle aufgesucht hatten, Interviews mit Strafgefangenen in den Vereinigten Staaten und Angaben von anderen TherapeutInnen und Therapie-Institutionen, von *Rape Crisis* und auch von einigen Überlebenden von Sexualverbrechen.

Die Berichte der einzelnen Personen wurden verändert, um ihre Anonymität zu wahren. Etwaige Ähnlichkeiten mit anderen Menschen sind zufällig. Möglicherweise verstören einige der beschriebenen Vorfälle oder die benutzte Sprache manche LeserIn, aber wir waren der Meinung, daß es niemandem hilft, wenn wir die sehr reale Aggression einiger Überfälle verschleiern. Wir danken dem Bewährungshilfeamt von Hampshire, das die Entwicklung eines Behandlungsprogramms für Sexualstraftäter in Haftanstalten gefördert hat, Charles Fortt, ehemals Mitarbeiter des Bewährungshilfeamts in Suffolk, jetzt in Gracewell, Dr. Anton Bentovim vom Kinderhospital Great Ormond Street, dem *Winston Churchill Memorial Trust* und ehemaligen Kollegen Ray Wyres aus der Bewährungshilfe. Wir möchten auch Diana Warren-Holland danken. Sie ist Vergewaltigungs-Überlebende und jetzt Beraterin bei *Rape Crisis* in Portsmouth. Ihr Feedback war für uns bei der Vorbereitung dieses Buches sehr wichtig. Ann Perry hat das Manuskript mit dem kritischen Auge der Redakteurin gesichtet und viele gute Vorschläge gemacht.

Dieses Buch ist das Ergebnis fruchtbarer und anregender Zusammenarbeit. Viele interessante Ideen sind uns während des Schreibens gekommen. Manchmal gleicht das Schreiben zu zweit aber leider auch einer Reise auf drei Beinen. Dort, wo es notwendig war klarzustellen, daß eine Bemerkung von einem von uns stammt (meist in Bezug auf das Verhalten von Straftätern), haben wir den Ausdruck »der Autor« benutzt.

Dies ist kein Buch darüber, wie Frauen eine Vergewaltigung in den Griff bekommen können. Viele Überlebende von Vergewaltigungen geben sich selbst die Schuld und glauben, sie hätten die Erwartungen der Gesellschaft enttäuscht, weil sie sich nicht stärker gegen die Täter zur Wehr gesetzt haben. Wir wollen Interesse an den nicht-physischen Möglichkeiten wecken, sich gegen eine Vergewaltigung zu wehren, und Frauen helfen, Männer, die vergewaltigen, zu verstehen und so vielleicht deren Taten besser überstehen zu können. Auf keinen Fall wollen wir neuen Nährboden für Schuldgefühle und Selbstzweifel schaffen, indem wir neue Verteidigungsstrategien aufzeigen, die die Leserin anschließend nicht anwenden kann.

Ray Wyre und Anthony Swift, im August 1989

EINS

Wie reagieren Frauen, wenn sie überfallen werden?

Nicht alle Überfälle auf Frauen gehen so aus, wie es die Täter planen. Das, was die Opfer zufällig sagen und tun, kann den Lauf der Ereignisse grundlegend beeinflussen.

Ein Mann, der bereits zahlreiche Vergewaltigungsversuche und Vergewaltigungen hinter sich hatte, überfiel eine Frau in einem Parkhaus. Er bedrohte sie mit einem Messer und zog ihr eine Tasche über den Kopf. Er zwang sie, sich auszuziehen und riß ihr dabei einige der Kleider selbst vom Leib. »Ich hab ihr gesagt, ich würde sie vergewaltigen. Sie hätte schreien können, soviel sie wollte. Es hätte sie niemand gehört. Sie redete auf mich ein. Als ich sie auf den Boden drückte, sagte sie: 'Weißt du, daß Gott dich genauso gerne hat wie mich?' Ich weiß nicht, warum, aber ich habe mich umgedreht und bin bloß noch gerannt.« Ein anderer verurteilter Vergewaltiger hatte als Heranwachsender kleinen Mädchen auf dem Spielplatz unter den Rock gefaßt. Später machte er obszöne Anrufe und hatte Phantasien darüber, wie er mit Gewalt von einer Frau Besitz ergreifen würde. Er stellte sich immer vor, sein Opfer würde positiv auf die Macho-Schau reagieren, als die er seinen Angriff betrachtete, und würde anschließend selbst die dominante Rolle übernehmen.

Eines Abends überfiel er eine junge Frau. Er packte sie von hinten und befahl ihr, sich auszuziehen. »Ich dachte, sie würde Angst haben. Sie sagte bestimmt: 'Lassen sie meine Kleidung in Ruhe. Sie werden mich nicht mißbrauchen.' Ich kriegte Panik und rannte weg.«

In den Berichten – sowohl von Überlebenden als auch von Tätern – über abgebrochene Überfälle ist eine breite Palette von Reaktionen zu finden, von denen Täter abgeschreckt wurden. Eine Untersuchung in den Vereinigten Staaten fand folgende Verhaltensweisen heraus:[5]

– Verbaler Gegenangriff: »Du Arschloch. Nimm deine Scheiß-Hände weg!«
– Physischer Gegenangriff: Treten und Schlagen.
– Körperliche Schwäche vortäuschen: »Ich krieg ein Kind« / »Ich hab Gebärmutterkrebs.«
– Jungfräulichkeit: »Ich will in ein paar Wochen heiraten und möchte so gerne als Jungfrau in die Ehe gehen.«
– Appell an die Moral: »Das ist gegen die Gebote Gottes. Es ist nicht richtig, wenn Sie mich vergewaltigen.«
– Zwischenmenschlich: »Ich heiße Mary. Warum wollen Sie mir das antun? Ich bin genauso ein Mensch wie Sie.«
– Selbstbestrafung: »Da komm ich nie drüber weg. Wenn Sie das tun, lande ich in einer psychiatrischen Anstalt.«
– Vergeltung: »Man wird Sie kriegen, und dafür kommen Sie ins Gefängnis.«
– Zwiespalt: abwechselnd kämpfen und aufgeben.
– Fügsamkeit: keinerlei Widerstand leisten.

Wir wissen nicht genug über die Fälle, aus denen diese Beispiele stammen, oder über die Beteiligten, um daraus eine Lehrstunde über das Verhalten in einer Vergewaltigungssituation zu geben. Weil wir alle verschieden sind und jeder Überfall anders, ist eine solche Richtschnur vermutlich nicht einmal möglich, obwohl eine systematischere Informationssammlung, sowohl von Opfern wie auch von Tätern, selbstverständlich gut wäre. Diese Beispiele belegen auf jeden Fall, daß auch friedliche Reaktionen – ob glücklicher Zufall oder Intuition – erfolgreich einige Täter abgeschreckt haben. Eine Vergewaltigung ist keine Entscheidung, die bei Beginn des Überfalls bereits feststeht. Eine Untersuchung von 915 Vergewaltigungsversuchen und Vergewaltigungen hat gezeigt, daß etwa 300 von ihnen vereitelt wurden – und mehr als 200 davon durch etwas, das das Opfer sagte oder tat.[6]

In jedem Fall ist Vergewaltigung aber, egal welcher Grad von Gewalt angewandt wird, im wesentlichen eine gewalttätige und lebensbedrohliche Erfahrung. Viele Frauen, die einer solchen Situation ausgesetzt sind, müssen feststellen, daß sie vor Angst völlig handlungsunfähig sind.

Bisher lag die Betonung zu sehr auf den physischen Aspekten sowohl des Angriffs als auch der Reaktion des Opfers. In einigen Gesellschaften wird erwartet, daß Frauen sich einer Vergewaltigung entschieden und erfolgreich zu widersetzen haben oder eine Teilschuld übernehmen. So verlangte zum Beispiel das babylonische Recht in der Gesetzessammlung Hammurabis – vor 4000 Jahren – für den Fall, daß eine verheiratete Frau vergewaltigt wurde, daß sie mit dem Vergewaltiger zusammengebunden und mit ihm in einen Fluß geworfen wurde, um dort zu ertrinken. Heutzutage erkennt das Gesetz in einigen Staaten der USA erst dann den Tatbestand der Vergewaltigung an, wenn die Frau beweist, daß sie den Tätern körperlichen Widerstand geleistet hat (was natürlich kaum dazu ermutigen kann, Vergewaltigung anzuzeigen).

Selbstverteidigungskurse sind immer noch die am häufigsten empfohlene Vorbereitung auf einen Vergewaltigungsversuch, und sie können durchaus – ungewollt – ein Klima schaffen, in dem es unmoralisch scheint, sich gegen eine Vergewaltigung nicht zu wehren.[7]

Oft wird gefragt, ob eine Frau versuchen sollte, sich gegen einen männlichen Angreifer körperlich zur Wehr zu setzen. Ein klares Ja oder Nein dürfte wenig sinnvoll und unrealistisch sein. Jede Frau muß selbst entscheiden, wie sie am besten auf lebensbedrohliche Ereignisse reagiert, und sie wird sinnvollerweise in unterschiedlichen Situationen unterschiedliche Entscheidungen treffen. Das ist eine Frage der Überlebens und keine der Moral.

Ganz anders als die oben erwähnten US-Staaten mit ihren Qualifikationsvorschriften für den Tatbestand der Vergewaltigung reagierte vor einigen Jahren das FBI in New York. Weil immer mehr Frauen bei Sexualverbrechen schwer verletzt wurden, warnten sie auf Plakaten davor, sich bei einer Vergewaltigung gegen den Täter zu wehren.

Für Selbstverteidigungskurse spricht, daß die Frauen in der Öffentlichkeit mit mehr Selbstvertrauen auftreten und dadurch vielleicht manche Männer abschrecken, die selbstbewußt aussehende Frauen lieber nicht überfallen. Doch viele Vergewaltiger besitzen sehr genaue Vorstellungen von dem Frauentyp, auf den sie es abgesehen haben, und manche suchen sich gerade solche Frauen aus, die Selbstsicherheit ausstrahlen.

Ein weiteres Problem ist, daß eine zu starke Konzentration auf körperliche Selbstverteidigung möglicherweise ein falsches Gefühl der Sicherheit erweckt und das Interesse an alternativen oder zusätzlichen und vielleicht sichereren Verteidigungsstrategien blockiert.

Furchterregende Situationen lassen sich nur schwer simulieren. Die extreme Brutalität und Aggression mancher Vergewaltiger ist kaum vorstellbar, wenn man sie nicht tatsächlich schon einmal erlebt hat, und sie wird wahrscheinlich das körperliche Selbstvertrauen jeder Frau zunichte machen, wenn sie nicht gerade eine hervorragende Kampfsportlerin ist oder ungeheures Glück hat. Frauen lernen in Selbstverteidigungskursen inzwischen mehr und mehr, wie sie sich eine Fluchtmöglichkeit schaffen können, anstatt sich aktiv zu wehren. Auf jeden Fall können Frauen, die sich ausschließlich auf körperliche Selbstverteidigung verlassen, relativ schnell in eine ausweglose Situation geraten. Der folgende Abschnitt beschreibt einen Grad von Gewalt, der für gewisse Vergewaltigungsarten nicht untypisch ist. Wenn eine Leserin meint, daß sie nur noch mehr Angst bekommt und ihr der Text nichts bringen wird, soll sie das Kursivgedruckte einfach überspringen.

Alex entführte eine junge Frau und zerrte sie in ein abbruchreifes Wohnhaus. Er riß ihr die Kleider vom Leib, fluchte und beschimpfte sie. Er bedrohte sie mit einem Messer und ritzte kleine Schnitte in ihr Gesicht. Er zog seinen Gürtel aus und schlug sie brutal mit der Gürtelschnalle. Dann schob er das Messer mit dem Griff voraus in ihre Vagina und sagte ihr, er würde die Klinge hineinstecken, wenn sie nicht täte, was er ihr sagte. Er zwang sie zu Analverkehr und anschließend zu oralem Sex. Seine Stimmung wies extreme Schwankungen auf. Einmal bat er um Verzeihung und sagte der jungen Frau, sie könne gehen, um sie dann, nachdem sie sich angezogen hatte, zurückzuzerren und sie noch einmal der ganzen lebensgefährlichen Tortur zu unterziehen.

Grundsätzlich ist bei einem Vergewaltigungsversuch jede Form von Mißbrauch und entsetzlicher Grausamkeit möglich. In den Berichten der Täter kommt immer wieder zur Sprache, daß sie sich selbst keinen Wert beimessen. Sie haben in ihrem Leben nicht erfahren, wie es ist, gewollt oder gebraucht zu werden, sie gehen den Weg der Selbstzerstörung, und einige sind entschlossen, dabei mitzunehmen, was sie von der Welt bekommen können. Bei solchen zornigen Männern ist es gut möglich, daß eine heftige Reaktion nur noch schlimmere Formen der Gewalt auslöst. Wenn die Frau, deren Vergewaltigung Alex beschreibt, sich gewehrt hätte, wäre ihr Leben in noch viel größerer Gefahr gewesen.

Selbst eine Vergewaltigung mit geringer körperlicher Gewalt wird als lebensgefährlich erlebt. Jemand, über dessen mögliche Gewalttätigkeit sie wenig oder nichts weiß, beraubt eine Frau der Kontrolle über ihren Körper. Zu keinem Zeitpunkt weiß sie sicher, was als nächstes passieren wird.

Vergewaltigung sollte nicht einfach mit den verschiedenen Formen normaler Körperverletzung gleichgesetzt werden. Sie stellt einen spezifischen Angriff auf die Sexualität der Frau dar, auf einen wichtigen Bereich, in dem sie Liebe, Wärme und Zärtlichkeit erlebt und zeigt. Aber es ist auch interessant, daß nur sehr wenige Männer, die ja doch darauf konditioniert – und oft trainiert – sind, sich körperlich durchzusetzen, sich wehren, wenn sie mit körperlicher Gewalt konfrontiert werden. Ein Fernsehbericht über Straßenkriminalität zeigte, daß nur jeder zehnte Mann Widerstand leistet, wenn er überfallen und beraubt wird. Tatsache ist, daß jemand, der oder die angesichts von Gewalt erstarrt, sich genauso benimmt wie die meisten anderen Leute auch.

Allein schon die Vorstellung, sich gegen einen stärkeren oder skrupellosen Aggressor zur Wehr zu setzen, kann bei manchen Opfern Furcht und Schrecken intensivieren und zu dem Erstarrungssyndrom beitragen, von dem so viele Vergewaltigungs-Überlebende berichten.

Körperliche Selbstverteidigung ist eindeutig sinnlos, wenn schon der Gedanke daran die Angst des Opfers so steigert, daß es nicht mehr klar denken kann und keine Möglichkeit mehr hat, die Situation zu beeinflussen. Die Angst des Opfers hat im allgemeinen keine abschreckende Wirkung auf Vergewaltiger, macht aber ganz sicher einigen Mut. Das Begriffsvermögen von Vergewaltigern ist jedoch so strukturiert, daß körperlicher Widerstand vielleicht nicht einmal die eindeutigste Art ist, nein zu sagen. Manche Vergewaltiger gehen lieber davon aus, daß Frauen sich wehren, damit sie keine Schuldgefühle haben müssen und damit sie den Geschlechtsverkehr ihrem Mann oder Freund gegenüber später rechtfertigen können. Chris hat eine Nachbarin vergewaltigt und behauptet, es sei keine Vergewaltigung gewesen. Sein Opfer habe sich ihm nach einem anfänglichen Kampf ohne weiteren verbalen oder körperlichen Widerstand gefügt.

Vergewaltiger wundern sich, daß die meisten ihrer Opfer – zum Teil nach kurzer physischer Gegenwehr – kaum oder nur wenig protestieren. Aus ihren Berichten entsteht der Eindruck, daß viele Frauen – außer denen, die vor Angst erstarren – ruhig und gefaßt erscheinen. Sie sagen vielleicht: »Bitte nicht«, oder: »Bitte tun sie mir nicht weh«, aber ohne große Überzeugung oder Zorn. Diese scheinbare Ruhe hängt damit zusammen, daß Menschen in bedrohlichen Situationen oft eine psychologische Distanzierung oder Betäubung erfahren. Einige Vergewaltiger erzählen, daß sie ihren Opfern tatsächlich Waffen in die Hand gedrückt haben und überrascht waren, weil die Frauen nicht versuchten, sie zu benutzen. Einer wunderte sich, daß eine Frau, nachdem er sie vergewaltigt hatte, demütig mit ihm kam, als er noch im Haus herumlief; er glaubte, sie wollte nicht allein im Zimmer bleiben.

Natürlich führen Vergewaltiger solche Vorfälle – und das offensichtliche Erlöschen jeder Gegenwehr von seiten einiger ihrer Opfer – als Beweis dafür an, daß es Frauen nichts ausmacht, vergewaltigt zu werden, oder daß sie freiwillig Geschlechtsverkehr mit ihnen hatten. Ein als Frau verkleideter Mann überraschte eine Frau auf einer öffentlichen Toilette. Mit einem Messer in der

Hand drohte er, sie zu vergewaltigen. Die Frau sagte zu ihm: »Ich mache überhaupt nichts, bevor sie nicht das Messer wegwerfen.«

Dann drängte sie ihn, »in die Gänge« zu kommen: »Dann haben wir es hinter uns.« Später führte er das als Beweis dafür an, daß es ihr nichts ausgemacht habe, vergewaltigt zu werden, obwohl es sich hier eindeutig um eine erfolgreiche Überlebensstrategie handelte, die der Frau vermutlich das Gefühl erhalten hat, die Situation zu einem gewissen Grad beeinflussen zu können.

Ein anderer Vergewaltiger, ein junger Mann, der anschließend vor Gericht gestellt wurde, sagte während einer ersten Vernehmung mehrmals unter Tränen: »Warum hat sie mich nicht davon abgehalten? Warum hat sie mich nicht davon abgehalten? Sie muß gewußt haben, daß ich das gar nicht wollte«, als sei sie dafür verantwortlich, ihn vor sich selbst zu retten. Solange wir nicht mehr darüber wissen, wie Angst auf Menschen wirkt, wird den Rechtfertigungen der Täter von Polizei und den Gerichten mehr Glauben geschenkt, als sie es verdienen. Die Aussagen von Vergewaltigungsopfern in den Vereinigten Staaten[8] ergaben, daß von denen, die körperlich bedroht wurden, 55 Prozent »gehorchten«, 27 Prozent Widerstand leisteten und 18 Prozent sich aktiv körperlich zur Wehr setzten.

Der relativ geringe Widerstand der überfallenen Frauen wird von den Tätern am häufigsten als Grund dafür genannt, warum sie die Vergewaltigung in die Tat umgesetzt haben, bei anderen Gelegenheiten hatten sie dagegen ihren Plan aufgegeben. Teilweise machen die Täter mit einer Vergewaltigung Ernst, weil sie merken, daß es einfach ist. Wenn eine Frau einem Vergewaltiger überhaupt keinen Widerstand entgegensetzt – was gut möglich ist, wenn sie nur auf körperliche Selbstverteidigung eingerichtet ist und im letzten Moment das Selbstvertrauen verliert –, wird er weitermachen und sie vergewaltigen.

Egal was sie während der Vergewaltigung empfinden mögen, tatsächlich tragen die Überlebenden oft einen Wust selbstzerstörerischer Gefühle davon und plagen sich noch Jahre später mit Schuldgefühlen, weil sie sich nicht stärker gewehrt haben. Dabei ist allein die Tatsache ihres Überlebens möglicherweise Beweis dafür, daß sie sich genau richtig verhalten haben.

In ihrem Kommentar zur ersten Ausgabe dieses Buches hat Diana Warren-Holland, Vergewaltigungs-Überlebende und jetzt Beraterin bei *Rape Crisis*, klar gesagt, daß das größte Hindernis, mit dem die Frau zu kämpfen hat, wenn sie sich dem Täter entgegensetzt, die Lähmung durch die eigene Angst ist und daß dies sogar Frauen passieren kann, die glauben, sich geistig und emotional gut auf eine solche Situation vorbereitet zu haben. Das wirft die Frage auf, was es mit einer guten Vorbereitung überhaupt auf sich hat.

Es ist unbedingt wichtig zu wissen, daß es unterschiedliche Tätertypen gibt und daß einige davon wahrscheinlich die Flucht ergreifen, wenn eine Frau sich verbal wehrt. Der Versuch, sie körperlich zurückzustoßen, um sie zu verjagen, ist riskant und unnötig.

John hat noch nie Geschlechtsverkehr mit einer Frau erlebt, die tatsächlich damit einverstanden war. Er wurde bereits früh aufgrund von Sittlichkeitsdelikten zu einer Haftstrafe verurteilt, und nachdem er sich die Erzählungen strafgefangener Vergewaltiger angehört hatte, beschloß er, nach seiner Entlassung eine Frau zu vergewaltigen. Sein erstes Opfer wehrte sich, und er lief weg. Die nächste Frau war vor Angst viel zu gelähmt, um Widerstand zu leisten, und trotz gewisser Störungen in seinem sexuellen Funktionsablauf vergewaltigte er sie.

Ich bezeichne John als sexuellen Vergewaltiger.

ZWEI

Es gibt unterschiedliche Tätertypen

Bevor wir die verschiedenen Typen von Vergewaltigern untersuchen, sollten wir zwei Kategorien von Vergewaltigungen unterscheiden: durch Fremde und durch Bekannte. Diese Kategorien haben weniger mit dem Tätertyp zu tun als vielmehr mit der Beziehung zwischen Täter und Opfer.

Bei einer Fremdvergewaltigung ist der Vergewaltiger dem Opfer unbekannt und normalerweise, wenn auch nicht immer, das Opfer dem Täter ebenfalls. Es gibt Täter, die ihre Opfer lange vor der Tat auswählen. Eine Jugendliche, die in ihrem Elternhaus überfallen und vergewaltigt wurde, während ihre Eltern im Nebenzimmer schliefen, war von dem Täter anhand eines Photos in der Zeitung ausgewählt worden. Aus dem Text ging hervor, wo sie arbeitete. Er folgte ihr nach Hause und plante die Vergewaltigung sehr sorgfältig.

Bei den meisten Vergewaltigungen, die in der Sensationspresse auftauchen und zu Strafverfahren führen, handelt es sich um Fremdvergewaltigungen.

Sehr viel häufiger, aber weniger bekannt sind Bekanntschaftsvergewaltigungen. Dazu gehören Männer, die mit der Absicht, sie oder ihre Kinder zu vergewaltigen, bewußt eine Beziehung zu einer Frau anstreben (siehe weiter unten: soziopathischer Vergewaltiger), und Männer, die im Rahmen einer Arbeitsbeziehung oder einer persönlichen Bekanntschaft körperliche Gewalt oder eine andere Form von Macht nutzen, um eine Frau dazu zu bewegen, sexuellen Forderungen nachzugeben. Der Bekanntschaftsvergewaltiger sucht sich sein Opfer vielleicht erst am Abend der Tat aus und tut, als wolle er eine Beziehung herstellen. Möglicherweise trifft er das Opfer einige Male, bevor er es vergewaltigt. Vielleicht ist er eine Vertrauens- und Autoritätsperson (ein Chef, ein Therapeut oder – bei Kindesmißbrauch – ein Vater oder Stiefvater). Kindesmißbrauch durch Erwachsene fällt fast immer in diese Kategorie, Mißbrauch innerhalb der Familie sowieso und auch die Vergewaltigung einer Frau durch ihren Freund, Partner oder Ehemann.

Aus verschiedenen Gründen werden Bekanntschaftsvergewaltigungen seltener angezeigt. So muß die vergewaltigte Frau oft befürchten, daß man ihr eine Teilschuld zuweisen könnte.

Der Tatbestand eines erfolgten Geschlechtsverkehrs ist in solchen Fällen kein Beweis für eine Vergewaltigung. Die DNS-Analyse, die als Meilenstein für der Aufklärung von Vergewaltigungen gefeiert wurde, ist bei der Mehrzahl der Vergewaltigungen, bei denen der Täter dem Opfer bekannt ist, von geringem Nutzen. Da sich die Beweisaufnahme um die Frage der Zustimmung dreht, konzentrieren sich die Polizeiverhöre und Gerichtsverhandlungen mehr auf das Opfer als auf den Täter.

Oft will die Überlebende den Kontakt zu ihrer Familie nicht abbrechen. Oder sie fürchtet, daß man ihr nicht glaubt. (Viele Kinder, die davon erzählen, daß sie sexuell mißbraucht werden, stoßen auf ungläubige Familienmitglieder, die die Wahrheit nicht sehen wollen.) Möglicherweise hat sie Angst vor Vergeltungsmaßnahmen des Täters, der eine bestimmte Macht über sie hat: die

Macht, sie einzustellen, ihr zu kündigen, sie eine Prüfung bestehen zu lassen oder nicht, sie fortzujagen, oder vielleicht einfach körperliche oder intellektuelle Macht, irgend etwas, das eine Frau dazu bringt, auf sexuelle Forderungen einzugehen, obwohl sie keine sexuelle Beziehung will.

Bei der Therapie von Sexualstraftätern ist es sinnvoll, zwischen verschiedenen Typen von Vergewaltigern zu unterscheiden. Einige dieser Kategorien finden schon lange Verwendung[9], andere empfand der Autor im Laufe seiner therapeutischen Beratungs- und Gruppenarbeit mit Straftätern als nützlich. Dazu zählen die sexuellen, die zornigen, die soziopathischen und die sadistischen Vergewaltiger und die fixierten und die regressiven Kindesmißbraucher.

Wie bei jeder Typologisierung besteht hier die Gefahr der Simplifizierung. Nicht alle Täter gehören eindeutig zu dem einen oder anderen Typ. Eine ganze Reihe von Männern, auf die eine bestimmte Typbeschreibung paßt, haben auch Verhaltensweisen gezeigt, die diesem Typ nicht entsprechen.

Je länger wir uns mit diesen Straftaten beschäftigen, desto öfter treffen wir auf Vergewaltiger von Erwachsenen, die bei Gelegenheit auch Kinder sexuell mißbrauchen, oder auf Männer, die ihre eigenen Frauen ebenso vergewaltigen wie andere Frauen. Und die Tatsache, daß es Kindesmißbraucher gibt, die sich bewußt Familien mit alleinerziehenden Müttern heraussuchen, verwischt die Grenze zwischen dem Mißbrauch von Kindern innerhalb und außerhalb der Familie. Die Erfahrung in Haftanstalten hat gezeigt, daß ein Täter-»Typ« die Praktiken anderer Typen übernehmen kann. Strafgefangene Vergewaltiger, die niemals Fremdkörper (Stöcke oder Flaschen) benutzt hatten, begannen, sie in ihre sexuellen Phantasien einzubauen, nachdem sie während der Haft mit anderen Vergewaltigern gesprochen hatten.

Trotz dieser Widersprüche sind die Unterschiede deutlich genug, um die Typologisierung bei der Therapie von Straftätern nutzbringend einzusetzen, vor allem, wenn es darum geht, sie zum Sprechen zu bringen. Die Erkenntnis, daß ein Täter zu einem bestimmten Typ gehört, ermöglicht es dem Therapeuten zu zeigen, daß er weiß, daß der Täter sich auf eine bestimmte Weise verhält, und das gibt dem Täter die »Erlaubnis« zu reden.

Die Typologisierung kann auch den Vergewaltigungsopfern und der Polizei helfen. Sie kann der überfallenen Frau mehr über den Mann verraten, mit dem sie es zu tun hat; sie hat dadurch bessere Chancen, die Situation zu beeinflussen. Zudem hilft die Typologisierung sicherlich auch bei der Identifizierung und Festnahme der Täter.

Es ist inzwischen schon fast eine Binsenwahrheit, daß Vergewaltigung weniger mit Sex zu tun hat als vielmehr mit Wut und Macht. Und Vergewaltigung ist eindeutig ein Versuch, Macht über ein anderes Individuum auszuüben, auch wenn der Impuls dazu oft aus einem akuten Gefühl der Machtlosigkeit heraus entsteht.

Einer Umfrage der Zeitschrift *Company*[3] zufolge glauben mehr als die Hälfte der 5.000 LeserInnen, die sich beteiligten, daß Männer, die Frauen vergewaltigen, »normalerweise sozial oder sexuell gestört« seien und knapp 50 Prozent waren der Meinung, solche Männer seien »bemitleidenswerte Versager, die sich nur dann stark fühlen, wenn sie sich andere gefügig machen können«.

In Wirklichkeit dominieren bei den einzelnen Tätertypen unterschiedliche Motive. Einige sind tatsächlich vor allem sexuell motiviert. Für andere ist Sex ein Mittel, anderen Angst zu machen, Wut, Macht, Einfluß zu zeigen oder sich zu rächen. Und es gibt auch eine kleine Gruppe von Männern, die nur durch Gewalt sexuell erregt werden.

Der sexuelle Vergewaltiger

Sexuelle Vergewaltiger sind gewöhnlich in ihrem Sozialverhalten nur mangelhaft entwickelt und im praktischen Leben nicht sehr erfolgreich, und sie verhalten sich normalerweise passiv oder unterwürfig. Es fällt ihnen schwer, ein Gespräch zu beginnen oder aufrechtzuerhalten oder Beziehungen mit Frauen aufzubauen. Sie sehen vielleicht schon unmännlich aus, werden abfällig als »Waschlappen« oder »Schlappschwanz« bezeichnet. Oft beschäftigen sie sich zwanghaft mit ihrer gestörten Sexualität und glauben, die einzige Möglichkeit, besonders starke sexuelle Bedürfnisse zu befriedigen, sei eine Vergewaltigung. Trotzdem sollten ihre Taten nicht als Teil ihrer Sexualität angesehen werden, sondern als Auswüchse ihrer Neigung zu destruktivem Verhalten. Sie nähern sich ihrem Opfer eher durch ein plötzliches, sexuell eindeutiges Zufassen als über ein Gespräch oder eine Drohung. Aber in ihrer Phantasie reagieren ihre Opfer, indem sie sich bereitwillig unterwerfen. Harry hofft immer, seine Opfer würden eine dominante Rolle einnehmen und den sexuellen Verkehr mit ihm aktiv genießen. Über seine Überfälle auf Frauen sagt er: »Ich wollte immer nur geliebt werden.«

Obwohl sexuelle Vergewaltiger zunächst Gewalt anwenden, was sehr beängstigend sein kann, finden sie Gewalt an sich nicht reizvoll und werden vermutlich gerade soviel Druck ausüben, daß die Frau sich fügt. Von allen Männern, die Frauen überfallen, werden sie am ehesten die Flucht ergreifen, wenn sie auf verbalen oder physischen Widerstand treffen.

Solche Männer haben normalerweise in ihrer Vergangenheit minder schwere Sexualdelikte verübt – obszöne Anrufe, Exhibitionismus oder sexuelle Belästigungen. Sie ejakulieren möglicherweise zu früh oder weisen eine andere sexuelle Funktionsstörung auf, auch das ein Zeichen ihrer sexuellen Unsicherheit.

Ronald ist ein solcher sexueller Vergewaltiger. Als Schulkind wurde er gehänselt und herumgeschubst und galt als Feigling und Außenseiter. Er hatte Pickel im Gesicht und fühlte sich häßlich. Er war unsicher und nicht sehr zielstrebig. Sein älterer Bruder war ein guter Schüler, und zu Hause galt alle Aufmerksamkeit seiner jüngeren Schwester. Er war Bettnässer, fühlte sich zurückgestoßen und hatte als Heranwachsender Schwierigkeiten, eine Freundin zu finden. Er begann seine Laufbahn als Voyeur. Im Bus setzte er sich zwanghaft so, daß er den Frauen unter den Rock schauen konnte, während sie zum Oberdeck hochstiegen. Er ging in Kleidergeschäfte in der Hoffnung, Frauen beim Umziehen beobachten zu können. Nachdem er im Fernsehen gesehen hatte, wie ein Mann obszöne Anrufe machte, fing er auch damit an und versuchte, die angerufenen Frauen zu überreden sich auszuziehen. Dann kamen seine ersten Delikte mit Körperkontakt: Er drängte sich in der U-Bahn von hinten an Frauen heran und rieb seine Geschlechtsteile an ihnen[10]. Als nächstes entblößte er seinen Penis vor Frauen. Später ging er ins Schwimmbad, um dort »aus Versehen« Frauen anzufassen. Er fing an, hinter Frauen herzulaufen, um ihnen unter den Rock zu fassen und dann wegzurennen. Als er zum ersten Mal in eine Therapie geschickt wurde, war er ein furchtsamer und furchterregender junger Mann, auf dem besten Wege, zu einem Vergewaltiger zu werden. Er masturbierte fünf bis sieben Mal am Tag und stellte sich dabei vor, wie er Frauen vergewaltigte.

Der zornige Vergewaltiger

Zornige Vergewaltiger sind gewöhnlich Männer, in deren Leben es eine Frau gibt, die sie als dominant empfinden, die sie fürchten und über die sie sich ärgern: die Mutter, Freundin oder Ehefrau. Ihr Auftreten ist möglicherweise machohaft. Sie können attraktiv und kontaktfreudig sein, fühlen sich in ihrer Männlichkeit jedoch unsicher und werden wütend, wenn jemand sie in Frage stellt. Sie erleben Frauen als fordernd und fühlen sich schnell von ihnen »nicht ernst genommen« und dominiert. Sie stellen sie entweder auf ein Podest oder betrachten sie als treulos oder falsch. Und sie machen Frauen gern für die Probleme verantwortlich, die sie selbst mit dem Leben haben.

Zornige Vergewaltiger verschaffen sich Erleichterung, indem sie an völlig arglosen Frauen Rache nehmen. Ihr Verhalten zeigt ihren Zorn. Vielleicht benutzen sie Waffen und unnötige physische Gewalt – sie würgen, schlagen, treten. Sie drohen vielleicht mit Verstümmelung oder Tod oder damit, daß sie der Familie des Opfers Schaden zufügen wollen. Sie haben eine Vorliebe für sexuelle Handlungen, mit denen sie ihr Opfer ganz besonders zu demütigen glauben: für Analverkehr und oralen Sex. Es gibt Vergewaltiger, die auf ihre Opfer urinieren oder ihren Darm entleeren. Ihre Tagträume handeln von Situation, in denen Frauen vor ihren Annäherungsversuchen ängstlich zurückweichen.

Ihre Überfälle – gewöhnlich auf Fremde – werden oft dadurch ausgelöst, daß eine bestehende Beziehung zusammenbricht oder daß es darin ernsthafte Konflikte gibt, durch die sie sich zurückgewiesen fühlen. Aus diesem Grunde schlagen zornige Vergewaltiger auch meist nur wenige Kilometer von ihrer Wohnung entfernt zu. Wenn die Polizei wüßte, daß sie einen zornigen Vergewaltiger zu suchen hat, könnte sie sich auf die Umgebung des Tatorts konzentrieren.

Zornige Vergewaltiger überfallen ihre Opfer nicht unbedingt aus einem Hinterhalt heraus. Sie verwickeln sie vielleicht in einer Gaststätte oder irgendwo in der Öffentlichkeit in ein Gespräch und bieten ihnen dann an, sie nach Hause zu begleiten, oder folgen ihnen einfach und warten dann auf eine Gelegenheit, über sie herzufallen. Mikes Verhalten ist für einen zornigen Vergewaltiger typisch. Er ist extrem eifersüchtig und besitzergreifend und neigt zu kindischen Wutanfällen. Diese Eigenschaften ruinieren immer wieder die liebevollen, aber übermäßig klammernden Beziehungen, die er aufbaut. Seine Partnerinnen bestehen darauf, sich einen gewissen Freiraum zu bewahren, und er beschuldigt sie der Untreue, besteht darauf, über jeden ihrer Schritte Bescheid zu wissen, und versucht, Interessen und Kontakte außerhalb der Beziehung zu unterbinden. Er kann dieses unvernünftige Verhalten nur in Form wütender Anschuldigungen gegen die Partnerin rechtfertigen. Naturgemäß unterliegt er nicht nur in der Auseinandersetzung, sondern verliert auch Respekt und Zuneigung seiner Partnerin.

Bei jedem größeren Streit bekommt er eine so unglaubliche Wut auf die Person, die ihm am nächsten steht, daß es ihm selber Angst macht. Darum stürzt er aus dem Haus und schreit innerlich: »Blöde Kuh, Arschloch, blöde Kuh«. Wenn er andere Frauen sieht, wird daraus »Arschlöcher, blöde Kühe«. Dann haßt er alle Frauen und sagt sich: »Blöde Fotzen. Von denen lasse ich mir überhaupt nichts gefallen. Was glauben die, was sie sind?!« In dieser Stimmung läuft er durch eine Gegend, von der er weiß, daß sie relativ unbewohnt ist, und hält eventuell nach einem Opfer Ausschau. Er geht direkt und voller Wut auf die Frau zu. Er sagt: »Du blöde Fotze. Du tust jetzt, was ich dir sage, oder ich bring dich um, verdammt nochmal.« Es kann sein, daß er von Anfang an viel mehr Gewalt anwendet, als er braucht, um sich durchzusetzen: Er rächt sich für die – wie er es sieht – kollektive Zurückweisung durch die Frauen in seinem Leben.

Dieses Beispiel ist so typisch, daß manche LeserInnen glauben könnten, Mike wiederzuerkennen. Der Name ist jedoch willkürlich gewählt, und der beschriebene Verhaltenszyklus wurde aus dem Verhalten mehrerer »Mikes« konstruiert.

Der soziopathische Vergewaltiger

Hier handelt es sich um eine nicht sehr scharf umrissene Kategorie von primär antisozialen oder kriminellen Gewalttätern. Ihnen geht es um Eroberungs-Sex, und sie sehen sich keinesfalls als Sexualverbrecher. Sie betrachten ihre Taten nicht als Vergewaltigungen und rechtfertigen ihre Überfälle mit Meinungen, wie wir sie überall in unserer Gesellschaft finden: »Die Frauen wollen doch gar nichts anderes«, »Wenn eine Frau nein sagt, meint sie ganz was anderes« und: »Frauen wollen mit Gewalt genommen werden.« Zu Beginn vergewaltigen diese Männer oft anläßlich anderer Verbrechen, vor allem bei Einbrüchen. Oder sie belästigen Frauen an ihrem Arbeitsplatz. Männer, die mit körperlicher Gewalt drohen, um Frauen sexuell zu unterwerfen, unterscheiden sich nur wenig von denen, die zu diesem Zweck ihre Macht nutzen, Leute einzustellen, hinauszuwerfen, zu befördern oder zurückzustufen. Sexualstraftäter können durchaus von dieser Form des Opportunismus dazu übergehen, sich willkürlich irgendwelche Frauen auszusuchen, um sie zu vergewaltigen. Solche Männer schlagen im Haus des Opfers zu oder bei sich zu Hause. Sie sind selbstsüchtig und berechnend und erleben Vergewaltigung primär als eine weitere Variante antisozialen Verhaltens. Ebenso wie jeder andere Kriminelle hat der soziopathische Vergewaltiger jedoch Angst, ertappt zu werden. Er wendet so wenig Gewalt an wie möglich, weil er keine Spuren hinterlassen will. Im allgemeinen beschränkt er sich darauf, mit Gewalt zu drohen, damit die Frau sich fügt. Er zeigt dem Opfer vielleicht, daß er eine Waffe dabei hat, es ist aber unwahrscheinlich, daß er sie benutzt. Häufig entwickelt er Strategien, die eine Überführung erschweren. Peter sucht sich seine Opfer in Diskotheken und Gaststätten. Er ist intelligent, kann charmant sein und wirkt völlig normal. Er vergewaltigt die Frauen in seiner Wohnung, in ihrer Wohnung oder in seinem Auto. Er droht, sie zu erwürgen, wenn sie ihm nicht gehorchen, aber er behauptet, daß er niemals wirklich Gewalt anwendet. Wenn sich sein Opfer nicht einschüchtern läßt, gibt er auf. Mit Drohungen bringt er es dazu, sich selbst und ihn auszuziehen. Er spielt den Liebhaber, zwingt die Frau, ihn vor und nach der Vergewaltigung zu küssen und zärtlich zu streicheln. Im allgemeinen benutzt er Verhütungsmittel. Seine Absicht ist es, eine Klage auf Vergewaltigung und die Gewißheit der Frau, überhaupt vergewaltigt worden zu sein, zu untergraben.

Wird die Tat gerichtlich verfolgt, sieht die Befragung des Opfers durch den Anwalt des Täters etwa so aus:
– »Haben Sie sich entkleidet? Antworten Sie mit ja oder nein.«
– »Hat er sich entkleidet? Antworten Sie mit ja oder nein.«
– »Hat er ein Verhütungsmittel benutzt? Antworten Sie mit ja oder nein. Merkwürdig für einen Vergewaltiger...«
– »Haben Sie ihn nach der sogenannten Vergewaltigung geküßt?«
Aber ohne Zeichen von Gewaltanwendung und ohne den Gebrauch von Waffen wird ein solcher Fall wahrscheinlich erst gar nicht vor Gericht kommen. Ein soziopathischer Vergewaltiger wurde mehrmals von Touristinnen wegen Vergewaltigung ange-

zeigt und von der Poizei verhört. Zweimal reichte das Beweismaterial nicht aus, um öffentlich Anklage zu erheben, einmal wurde das Verfahren aus Mangel an Beweisen eingestellt, und einmal wurde er freigesprochen. Zu einer Verurteilung kam es erst, als gegen ihn ermittelt wurde, während er gleichzeitig bereits wegen einer anderen Vergewaltigung unter dringendem Tatverdacht stand und gegen Kaution auf freien Fuß gesetzt worden war. Der soziopathische Vergewaltiger ist von allen am schwersten zu identifizieren und zu überführen. Es gibt ihn in vielen Varianten.

Julian kann ganz reizend sein, wenn alles nach seinem Willen geht. Wenn nicht, wird er aggressiv. Er glaubt, jede Frau müsse ihn für ein Geschenk Gottes halten. Er prahlt, er könne »jede Braut abschleppen«. Wenn er eine »Freundin« hat, bestimmt er, wohin sie ausgehen: oft in Gaststätten, wo er sie seinen Kumpels vorführen kann. In männlicher Gesellschaft ignoriert er sie gerne und wischt ihren Protest beiseite, wenn sie sich beschwert. Wenn sie später allein sind, besteht er darauf, mit ihr zu schlafen, egal ob sie verärgert ist oder nicht. Je mehr sie sich weigert, desto beharrlicher wird er, bis er sich mit einer Mischung aus Rücksichtslosigkeit, Hartnäckigkeit und brutaler Gewalt über ihre Einwände hinweggesetzt hat. Er hält das nicht für eine Vergewaltigung. Dave vergewaltigt im Rahmen einer dauerhaften Beziehung, obwohl weder er noch seine Partnerin das erkennen. Seine Lebensgefährtin klagt, daß er regelmäßig gewalttätig wird, wenn er getrunken hat. Er behandelt sie, als sei sie sein Eigentum und als könne er mit ihr machen, was er will. Sie findet es nicht richtig, daß er sie schlägt, aber sie hält es für normal, für die soziale Norm, daß er sie sexuell mißbraucht. Sie traut sich nicht, ihn zu verlassen, weil sie Angst hat, er könnte ihr etwas antun, und weil sie wirtschaftlich von ihm abhängig ist.

Der sadistische Vergewaltiger

Sadistische Vergewaltiger sind von allen Tätern die gefährlichsten, und sie weisen die massivsten psychischen Störungen auf. Zum Glück sind sie selten. Für sie liegt der eigentliche Reiz in der Angst des Opfers, seinem Schmerz und vielleicht seinem Tod, und sie scheuen keine Mühe, diesen Reiz möglichst ausgiebig zu genießen. Sie bringen oder locken ihre Opfer an einen sicheren Ort, wo sie sie garantiert mehrere Stunden festhalten können, ohne dabei gestört zu werden. Ihr Verhalten ist nicht aggressiv, sondern kalt. Sie vergewaltigen ihre Opfer mit irgendwelchen Gegenständen, beißen, foltern oder verstümmeln die Frauen. Manchmal werden sie mit der Zeit zu »Serien«-Vergewaltigern oder -Mördern, die eine ganze Gegend terrorisieren. Einige entwickeln seltsame »Markenzeichen«, zum Beispiel eine bestimmte Art und Weise, die Körper ihrer Opfer zu kennzeichnen. Die Männer können sehr unterschiedlich sein.

Manche sind extrovertiert und vielleicht aggressiv im Umgang mit anderen Menschen, sie kleiden sich auffallend und erzählen, Frauen müßten »hart angefaßt werden.« Sie haben möglicherweise ihren Partnerinnen in »normalen« sexuellen Beziehungen Schmerzen zugefügt, bevor sie zu Vergewaltigungen übergingen. Ein Mann erzählte, es mache ihm Spaß, seinen Partnerinnen die Schamhaare auszureißen, während er mit ihnen schlafe. Er war davon überzeugt, daß die meisten Frauen, mit denen er sexuelle Beziehungen hatte, ein gewisses Maß an Gewalt durchaus genossen hätten. Andere Männer sind extrem selbstbeherrscht und peinlich genau, oftmals konservativ und sehr korrekt in Verhalten und Erscheinung. Vielleicht sind sie religiös. Möglicherweise bilden sie sich ein, ihre Opfer dafür zu bestrafen, daß sie sie »zur Sünde« verleitet haben. Ein solcher Täter verstümmelt den Körper der Frau, die er vergewaltigt und getötet hat, zu rituellen Zwecken. Die Verstümmelung wird zum Symbol für seine eigene Reinigung.

Ein sadistischer Vergewaltiger erzählte, daß er sich beim Onanieren vorstellt, wie ein anderer Mann eine junge Frau vergewaltigt. Sie hat schreckliche Angst, und der Mann beginnt, sie zu würgen. Er rettet sie, indem er den Täter mit einem Messer angreift und ihn tötet. Er tröstet die Frau, und sie ist ihm sehr dankbar. Und dann, ganz langsam, beginnt auch er, sie zu würgen und zu vergewaltigen.

Bei einem Sadisten sind die Chancen des Opfers, durch einen Trick zu entkommen, am geringsten. Körperliche Gegenwehr könnte die Wut des Täters erst richtig entfachen, es ist aber auch möglich, daß sie – wenn sich eine günstige Gelegenheit bietet – die einzige Möglichkeit ist zu entkommen.

Wenn solche Typologisierungen zuverlässig wären und Menschen allein der Logik gehorchten, ließe sich sicher ein Verteidigungskonzept entwickeln, das nach und nach alle leicht abzuschreckenden Täter ausschaltet, ohne gleichzeitig die gefährlichsten Täter noch brutaler werden zu lassen.

Von dem Wissen, daß nicht alle Vergewaltiger gleich sind, lassen sich aber tatsächlich einige einfache Regeln ableiten. Da sich manche Sexualtäter durchaus durch eine eindeutige verbale Zurückweisung abschrecken lassen, ist das zum Beispiel sicherlich eine gute erste Reaktion auf jeden sexuellen Übergriff. Und vielleicht ist der ganze Schrecken damit schon ausgestanden.

DREI

Eine Vergewaltigung läßt sich in verschiedene Phasen einteilen

Im Prinzip ist eine Vergewaltigung der Versuch einer Person oder einer Gruppe, sich einen anderen Menschen gefügig zu machen. Eine Vergewaltigung ist keine isolierte Handlung, sondern ein Vorgang, der aus mehreren Phasen besteht. Theoretisch bietet jede Phase dem Opfer die Möglichkeit, sich die Situation nicht ganz aus der Hand nehmen zu lassen und statt dessen einen gewissen Einfluß zu nehmen. So gering dieser Einfluß auch sein mag, das Opfer fühlt sich jedenfalls nicht völlig machtlos.

Wir wollen hier keinen festgelegten Aktionsplan vorgeben, denn nicht jeder Überfall enthält alle Phasen, und nicht immer sind die einzelnen Phasen so klar zu erkennen. Die beschriebenen Phasen basieren auf den Berichten von Vergewaltigern über ihr eigenes Verhalten und darüber, wie das Verhalten ihrer Opfer sie beeinflußt hat.

Phase eins – Der Überfall wird geplant

Vergewaltigungen geschehen nicht so spontan, wie es auf den ersten Blick scheint. Die meisten werden vorher – zumindest ungefähr – geplant, und teilweise geht der Täter davon aus, daß das Opfer unvorsichtig oder unvorbereitet ist.

Bevor ein Überfall bewußt geplant wird, kommt er zunächst ganz langsam in der gestörten sexuellen Phantasie des Täters zum Vorschein.

Männer haben – ebenso wie Frauen – Phantasien, wenn sie sich befriedigen. »Normale« sexuelle Phantasien beiderlei Geschlechts enthalten gelegentlich Elemente von Gewalt, die Phantasien von Sexualstraftätern drehen sich manchmal ausschließlich um Gewalt gegen Frauen. Solche Phantasien werden mit der Zeit – manchmal im Laufe von Monaten oder Jahren – immer raffinierter, und sie prägen sich dem Phantasierer mit jedem Samenerguß deutlicher ein. Bei Männern mit einem starken Geschlechtstrieb kann das jeden Tag mehrmals der Fall sein. Wir können davon ausgehen, daß es immer schwieriger wird, eine Phantasie mit einer freiwilligen Partnerin in konkrete Erfahrung umzusetzen, je weiter sie von dem abweicht, was allgemein als normal gilt.

Manche ExpertInnen sind der Ansicht, daß nicht alle Vergewaltiger Vergewaltigungsphantasien haben. Der Autor hat jedoch die Erfahrung gemacht, daß die meisten Sexualstraftäter sich zumindest manchmal, wenn sie masturbieren, Bilder von Vergewaltigungen in Erinnerung rufen, die sie begangen haben.

Auf der Ebene seiner sexuellen Phantasien entspricht der Täter einem Dramatiker und Regisseur, der die Hauptrolle zwanghaft immer wieder neu mit sich selbst besetzt. Wenn er versucht, sein »Drama« für die Bühne der realen Welt umzuarbeiten, wendet er Gewalt an und läßt irgendein weibliches Opfer die Rolle spielen, die er erfunden hat. Er ist sich der realen Identität dieser Frau und der Auswirkungen, die seine Taten auf sie haben, nicht bewußt. Ein Mann, der eine Mutter und ihre Tochter vergewaltigte, hatte seine Phantasie bis ins Detail schriftlich ausgearbeitet, bevor das

Verbrechen stattfand. Bei einer Hausdurchsuchung fand die Polizei das Beweisstück. Außerdem fand sie sadistische Pornographie und Unterlagen, aus denen hervorging, daß der Täter selbst versuchte, sadistische Pornographie zu schreiben, wobei er seiner Frau die Rolle des Opfers zugewiesen hatte.

Ein wichtiger Teil der Arbeit mit Straftätern ist es, in ihnen das Bewußtsein dafür zu wecken, was ihre Taten tatsächlich bei ihren Opfern bewirkt haben. Manche der Männer erwachen dabei wie aus einem Traum. Sie brechen in Tränen aus, wenn sie erkennen, welchen Schmerz und welchen Schaden sie verursacht haben, wobei jedoch nicht immer klar ist, ob dieser Kummer ihnen selbst oder ihrem Opfer gilt.

Ein Opfer könnte nun zum Beipiel versuchen, den Verlauf des Dramas, das der Vergewaltiger geschrieben und (in anderen Vergewaltigungen und in seinen Phantasien) geprobt hat, zu ändern. Die Frau könnte den Täter davon überzeugen, daß sie nicht das Geschöpf seiner Phantasie ist und sich in keiner Weise für diese Rolle eignet.

Ein ungewöhnliches Beispiel dafür hat uns eine Frau geliefert, die als Prostituierte arbeitete.[11] Sie erzählte, wie mitten in der Stadt ein Auto anhielt und ein Mann ausstieg, angeblich, um ihr zu helfen, weil an einem ihrer Schuhe der Fersenriemen gerissen war. Es gelang ihm nicht, den Schuh zu reparieren, und er bot ihr an, sie nach Hause zu fahren. Statt dessen fuhr er aus der Stadt heraus in eine einsame Gegend, zog eine Pistole aus der Tasche und befahl ihr, sich zu auszuziehen. Sie gehorchte, lachte aber dabei und sagte: »Wenn du bloß Sex willst, hättest du das auch gleich sagen können. Ich bin Prostituierte. Da hättest du dir das Benzin sparen können. Wären wir gleich zu mir nach Hause gegangen.« Zu ihrer Überraschung fiel der Mann über dem Lenkrad zusammen und brach in Tränen aus. Er befahl ihr, sich wieder anzuziehen und auszusteigen, fuhr dann los und ließ sie am Straßenrand stehen. Das Verhalten dieser Frau – eindeutig eine Überlebensstrategie – und die Reaktion des Mannes machen deutlich, daß es bei einer Vergewaltigung nicht um Sex geht.

Möglicherweise lassen sich die Täter deswegen relativ leicht durch verbale Zurückweisung abschrecken, weil die Fügsamkeit des Opfers eine wichtige Rolle in ihrer Phantasie spielt. Die Phantasie verlangt, daß das Opfer ohne Umstände nachgibt. Die Täter fahren in ihrer Vergewaltigung fort, wenn die Frauen ihnen wenig oder gar keinen Widerstand entgegensetzen. Sie kommen nicht auf den Gedanken, ihr Opfer könnte vor Angst viel zu gelähmt sein, um zu protestieren. Für sie ist diese Fügsamkeit eine Bestätigung ihrer Phantasie, die besagt, daß die Frau von ihrem dominierenden Auftreten beeindruckt ist und daß sie vergewaltigt werden will. Beim sadistischen Vergewaltiger ist es genau umgekehrt: Ihm bestätigen gerade Angst und Schrecken der Frau, ihr verzweifelter Kampf, daß sie für die Rolle, die er für sie geschrieben hat, die Richtige ist. Neben der detaillierten Vorbereitung in der Phantasie und möglicherweise auch konkreter Planung kommt dem Täter oft auch seine bisherige Erfahrung zugute.

Vergewaltiger kennen Gegenden, wo sie mit ihren Opfern garantiert ungestört sind oder wo manchmal Frauen alleine vorbeikommen. Zornige Vergewaltiger kennen zum Beispiel meist die günstigen Stellen in ihrem Aktionsbereich. Manche haben sich Fluchtrouten ausgearbeitet. Vergewaltiger mögen nicht nur verwaiste, dunkle Straßen, sondern auch mehrstöckige Parkhäuser oder Einkaufszentren nach Ladenschluß. Manche Männer haben feste Gewohnheiten, und wenn sich die Gelegenheit zu einer Vergewaltigung bietet, nutzen sie sie. Ein Mann hatte sich darauf spezialisiert, Frauen im Zug zu vergewaltigen. Er fuhr wochenlang nachts mit dem Zug und wartete darauf, eine Frau zu fassen zu bekommen, die allein im Abteil war. Ein anderer lief nachts Frauen hinterher, die nach Hause gingen, und hoffte, sie würden an einer bestimmten verlassenen Stelle vorbeikommen. Manchmal verfolgte er auch zwei Frauen und hoffte, ihre Wege würden sich trennen.

Der Bekanntschaftsvergewaltiger schlägt normalerweise im Haus des Opfers zu, bei sich zu Hause, im Auto oder an einem ganz normalen Ort, wo sich Leute treffen (in einer Schule, einer Beratungsstelle), jedoch zu ungewöhnlicher Stunde. Ein Lehrer vergewaltigte Kinder in leeren Klassenräumen während der Mittagspause. Von 100 Vergewaltigungen, die eine amerikanische Studie untersuchte, waren 35 zwischen 17 und 24 Uhr erfolgt, 40 zwischen 24 Uhr und 7 Uhr morgens und 20 zwischen 12 und 17 Uhr. Fast die Hälfte fanden in der Wohnung des Opfers statt und 15 im Auto.[12]

Vergewaltiger spezialisieren sich oft auf bestimmte Frauentypen, möglichst auf solche, die schutzlos wirken, und lassen andere laufen. Vor kurzem erzählte ein Vergewaltiger in einer Fernsehsendung, daß er sich nie hübsche Frauen aussuche: Er habe zu große Angst, von ihnen nicht ernst genommen zu werden. Aus ähnlichen Gründen meiden andere Täter Frauen, die Selbstvertrauen ausstrahlen. Und doch gibt es solche, die gerade hübsche oder selbstsichere Frauen überfallen.

Aus verständlichen Gründen sind Frauen verärgert, wenn sie spezielle Vorkehrungen treffen sollen, obwohl Vergewaltigung im Prinzip ein Problem der Männer ist. Es besteht aber kein Zweifel daran, daß Frauen durch einige sinnvolle Maßnahmen die Gefahr einer Vergewaltigung vermindern können:
– Lernen Sie die Gegend kennen, in der Sie wohnen.
– Überlegen Sie es sich jedesmal, ob Sie wirklich allein durch eine verlassene und schlecht beleuchtete Gegend laufen müssen.

- Treffen Sie zu Hause simple Sicherheitsvorkehrungen. Versehen Sie Ihre Tür mit Sicherheitskette und Türspion. Vielleicht gibt es bei Ihnen eine Nachbarschaftsinitiative, bei der alle »die Augen offen halten«: Schließen Sie sich an! Genieren Sie sich nicht, jemanden nicht hereinzulassen, auch wenn Sie ihn kennen.
- Bitten Sie Leute, die behaupten, sie seien von den Stadtwerken oder von der Polizei, sich auszuweisen.
- Haben Sie Ihren Schlüssel schon in der Hand, während Sie auf Ihre Haustür zugehen. Sonst erwischt Sie ein solcher Täter vielleicht vor Ihrer eigenen Tür, während Sie noch nach dem Schlüssel oder dem Schlüsselloch suchen, und braucht Sie nur noch in Ihre Wohnung zu schleppen.
- Lassen Sie sich von keinem Mann mitnehmen oder einladen und gehen Sie zu keinem Mann nach Hause, wenn Sie auch nur das geringste ungute Gefühl haben.
- Fahren Sie möglichst nicht per Anhalter und nicht mit illegalen Taxis.

Phase zwei – Der Täter nimmt mit dem Opfer Kontakt auf

Manchmal lassen sich bestimmte Tätertypen aufgrund von Unterschieden in ihrer Annäherungsweise oder ihrem Auftreten identifizieren – ein sexueller Vergewaltiger faßt plötzlich in eindeutig sexuell motivierter Weise zu, ein zorniger Vergewaltiger wirkt aggressiv –, aber das können nur Hinweise sein. Um zu beurteilen, ob Menschen es gut oder schlecht mit uns meinen, müssen wir uns alle auf unsere Intuition verlassen. Über unsere Intuition reagieren wir auf Anzeichen, die uns vielleicht gar nicht bewußt sind. Vor allem, wenn unsere innere Stimme uns warnt, sollten wir uns auf sie verlassen. Es schadet schließlich nichts, wenn wir uns geirrt haben.

Frauen sind zu Hilfsbereitschaft und Höflichkeit sozialisiert worden und haben gelernt, die Gefühlen anderer, vor allem die von Männern, mehr zu respektieren als ihre eigenen. Darum kann es passieren, daß sie nachsichtig sind, wo sie eigentlich unfreundlich werden müßten, oder daß sie höflich stehenbleiben, anstatt wegzulaufen. Ein Vergewaltiger wird jede Unentschlossenheit seines Opfers skrupellos nutzen.

Eine Vergewaltigung gelingt oft erst nach mehreren Versuchen. Einige Männer, die ihre Opfer vergewaltigt und getötet haben, berichteten, daß sie sich am Tag der Tat auch anderen Frauen genähert hatten. Diese Frauen hatten sie durch ihre Körpersprache abgeschreckt (durch eine Geste der Ungeduld oder durch ein Verhalten, das die Aufmerksamkeit von Passanten auf sie zu lenken drohte), sie barsch zurückgewiesen oder sich einfach geweigert, sich mit ihnen auf ein Gespräch einzulassen, und waren deshalb nicht zu Opfern geworden. Ein Vergewaltiger ließ sich abschrecken, nur weil die Frau auf ihre Uhr sah, als erwarte sie jemanden. Eine andere Frau, die er verfolgt hatte, ging zum nächsten Haus und klingelte. Er wartete gar nicht erst ab, ob sie dort jemanden kannte. Bevor John Cannan Shirley Banks aus Bristol tötete, hatte er eine andere Frau bedroht. Sie saß im Auto, und er richtete seine Pistole auf sie. Sie knallte ihm die Autotür auf die Finger und gab Vollgas.

Manchen Frauen ist es peinlich oder sie haben Angst, Fremde um Hilfe zu bitten, wenn sie bedroht werden oder sich bedroht fühlen. Aber Vergewaltiger werden durch alles abgeschreckt, was ihre Opfer tun, um die Aufmerksamkeit anderer auf sich zu lenken. Wenn Sie jemanden grüßen, als würden Sie ihn (oder sie) kennen, und bitten, Sie ein Stück zu begleiten, haben Sie Ihren

Verfolger vermutlich bereits abgeschüttelt. So traurig es ist: Er wird sicher ein leichteres Opfer finden.

Manche Frauen sind viel zu leichtgläubig gegenüber Fremden oder Leuten, die sie kaum kennen, oder sie wollen einfach nicht unfreundlich zu ihnen sein. Ein Serientäter, ein Vergewaltiger und Mörder, gab sich als Photograph für eine Zeitschrift aus. Er überredete die Frauen, ihm in ihrer Unterwäsche Modell zu stehen, und er fotografierte sie auch noch, während er sie umbrachte. Wenn eine Frau sich entschlossen entfernt, wird der Verfolger möglicherweise von ihr ablassen. Eine allmähliche Beschleunigung der Schritte erregt ihn jedoch vermutlich nur. Er spürt die Angst und fühlt, daß er sein Opfer bereits im Griff hat.

Wenn Sie ein ungutes Gefühl haben, weil ein Mann Sie anspricht (auch wenn er Ihnen Komplimente macht oder Sie um Hilfe bittet): Rennen Sie weg. Laufen Sie entschlossen in Richtung auf eine belebte oder dichtbesiedelte Straße. Haben Sie keine Skrupel. Je entschlossener Sie weglaufen, desto überstürzter, massiver und auffälliger muß sich der Täter benehmen, wenn er Sie zurückhalten will. Ziehen Sie Ihre Schuhe aus, wenn Sie darin nicht rennen können, und werfen Sie Ihre Einkaufstüten und Ihre Handtasche weg, wenn sie Sie behindern.

Wenn Sie immer noch verfolgt werden, rennen Sie weiter und schreien Sie lieber »Feuer« statt »Hilfe.« Damit überraschen Sie vielleicht Ihren Verfolger, und die Leute helfen Ihnen bereitwilliger, wenn sie nicht damit rechnen müssen, auf Gewalt zu treffen. Tun Sie, was Sie können, um Aufmerksamkeit auf sich zu lenken, und überlegen Sie nicht, was die Leute denken könnten oder ob Sie vielleicht einen Fehler machen. Es ist besser, Sie irren sich, als daß Sie etwas riskieren, das Ihr Leben in Gefahr bringt oder Sie langfristig mit psychischen und vielleicht auch physischen Narben zurückläßt.

Phase drei – Der Täter greift an

Wenn das Opfer nicht tut, was er sagt, wendet der Täter Gewalt an oder droht mit schlimmen Konsequenzen. Vergewaltiger erleben oft – und verlassen sich später auch darauf –, daß Gewalt im Angriffsstadium ihre Opfer in einen Schockzustand versetzt. Frauen, die zu diesem Zeitpunkt vermitteln können, daß sie keine hilflosen Personen sind, denen es vor Schreck die Sprache verschlägt, bringen sie völlig aus dem Konzept. Ihre Reaktion bedeutet, daß das Skript, das der Vergewaltiger im Kopf hat, ihn schon jetzt im Stich läßt. Der sexuelle oder soziopathische Vergewaltiger gibt vermutlich auf, wenn er merkt, daß sein Opfer sich nicht so leicht geschlagen gibt und mehr Ärger bereitet, als er gedacht hat. Aber vielleicht versucht die Frau gar nicht unmittelbar, den Vergewaltiger in die Flucht zu schlagen. Es kann durchaus sinnvoll sein, ihn erst einmal in Sicherheit zu wiegen, bis sich Gelegenheit bietet, sich körperlich zur Wehr zu setzen oder zu fliehen. Sie kann versuchen, Zeit zu gewinnen, und damit ihre Chance erhöhen, Hilfe von außen zu bekommen. Die erwähnte Untersuchung[12] ergab, daß im gleichen Zeitraum, in dem die 100 Vergewaltigungen stattgefunden hatten, weitere 145 Vergewaltigungen abgebrochen worden waren. Die häufigste Ursache, warum Vergewaltiger von ihrem Opfer ablassen, ist eine Störung von außen.

Eine andere Möglichkeit ergibt sich für die Frau, indem sie noch subtiler reagiert und versucht, den Täter mit sehr viel Feingefühl und Flexibilität psychologisch in den Griff zu bekommen.

Leider kann kann das Opfer nie ganz sicher sein, welchen Tätertyp es vor sich hat. Die Drohungen klingen überzeugend, egal ob echt oder Bluff, und möglicherweise unterstreicht der Täter sie noch mit Drohgebärden (die Hände am Hals des Opfers oder die vorgehaltene Waffe) oder indem er tatsächlich bereits

Gewalt anwendet. Die Formulierung der Drohungen kann Hinweise darauf liefern, wie ernst sie gemeint sind: »Ich tu dir weh, wenn du nicht machst, was ich sage«, ist aggressiver als: »Mach was ich sage, und ich tu dir nicht weh.« Jemand, der die zweite Formulierung benutzt, läßt sich vermutlich leichter in die Flucht schlagen. Drohungen, die mit einem überzeugenden Maß an Gewalt einhergehen, sind vermutlich ernst gemeint, soviel dürfte klar sein. Aber egal, welche Absichten des Vergewaltiger hat, seine verbalen Drohungen können extrem rüde sein. Und da es Vergewaltiger gibt, die tatsächlich in der Lage sind, solche Drohungen wahr zu machen, empfiehlt es sich nicht, sie herauszufordern, es sei denn, die Frau ist sich ganz sicher und hat psychologisch die Oberhand.

Die Anweisung: »Sei still« bedeutet aber nicht: »Wehr dich nicht« und heißt auch nicht, daß das Opfer nicht nach einer gewissen Weile versuchen sollte, wieder mit dem Täter zu kommunizieren. »Beweg dich nicht« heißt nicht: »Versuch nicht, aus dieser Situation herauszukommen, indem du mit dem Täter sprichst.« Menschen, die Macht ausüben wollen, müssen ihre Anweisungen konkret formulieren. Vergewaltigung ist nicht nur ein körperlicher, sondern ebenso ein psychologischer Kampf, in dem der Angreifer versucht, sein Opfer so lange zu ängstigen, bis es sich unterwirft. Indem die Frau ihre Logik und ihren gesunden Menschenverstand einsetzt und die Anweisungen des Täters wörtlich nimmt, gelingt es ihr vielleicht zu einem gewissen Grad, sich durchzusetzen und den Täter zu steuern, ohne ihn direkt herauszufordern und zu mehr Gewalt zu provozieren. Ein Vergewaltigungsopfer sollte selbstbewußt mit dem Täter sprechen, ihn jedoch auf gar keinen Fall herablassend behandeln oder verspotten.

Phase vier – Von Mensch zu Mensch

Wenn verbale Entschiedenheit nicht ausreicht, kann die Frau versuchen, zum Angreifer durchzudringen, indem sie zunächst an sein Mitgefühl appelliert. Falls das nicht funktioniert, kann sie versuchen, eine gewisse Empathie für diesem Mann zu entwickeln, sich in ihn einzufühlen.

Mitgefühl kann funktionieren, vor allem, wenn dabei der Verdacht aufkommt, das Opfer sei vielleicht doch nicht das geeignete Sexualobjekt. Es haben Täter von Opfern abgelassen, die ihnen, wahrheitsgemäß oder nicht, erzählten, sie hätten ihre Periode, seien schwanger und hätten Angst um ihr Kind, litten an einer Scheideninfektion oder einer Geschlechtskrankheit, seien geisteskrank oder in Trauer.

In Therapiegesprächen des Autors mit Vergewaltigern stellte sich heraus, daß die meisten sich von solchen Argumenten am ehesten überzeugen lassen würden. Keiner von ihnen meinte, daß eine Frau, die von sich sagte, sie sei Jungfrau und wolle es bleiben, ihn damit von seiner Tat abbringen würde, obwohl auch dieses Argument andernorts schon gewirkt hat. Und bei weitem nicht alle lassen sich von der Menstruation des Opfers abschrecken. Ein Mann erzählte von einer Frau, die er überfallen hatte: Sie sagte ihm, sie habe Gebärmutterkrebs und gerade erfahren, daß nichts mehr zu machen sei. Das führte zu einem langen Gespräch, und zum Schluß nahm er ihr das Versprechen ab, daß sie niemandem etwas sagen würde, und ließ sie gehen.

Um Empathie für den Täter zu entwickeln, müssen Sie positiver an die Sache herangehen. Sie können damit Ihre Angst verringern und es dem Täter ermöglichen, sein Vorhaben ohne Gesichtsverlust aufzugeben.

Empathie spielt eine wichtige Rolle in Trainingsprogrammen für potentielle Opfer von Geiselnahme und Entführungen. Diese Leute lernen, möglichst schnell eine Beziehung zu ihrem Entführer herzustellen. Manche Vergewaltiger erkennen, ebenso wie Flugzeugentführer oder professionelle Folterknechte, die »Gefahr«, die entsteht, wenn sie zulassen, daß sich eine solche Beziehung entwickelt. Um diese Möglichkeit einzuschränken, verhüllen sie die Köpfe ihrer Opfer oder verbergen das eigene Gesicht hinter einer Maske oder einer dunklen Brille.

Die extreme Gewalt, die manche Vergewaltiger von Anfang an anwenden, dient teilweise dazu, die Chance gering zu halten, daß sich eine andere Beziehung als die von Dominanz und Unterwerfung entwickelt. Möglicherweise verbietet der Vergewaltiger seinem Opfer, mit ihm zu sprechen. Trotzdem sollte die Frau, falls er sie mehrmals vergewaltigen will, die eher schläfrige Stimmung nach der ersten Vergewaltigung vielleicht noch einmal nutzen. Nach dem Samenerguß erleben Männer gewöhnlich einen Stimmungswechsel, möglicherweise ein emotionales Tief. Und es gibt eine Theorie, nach der Männer, die etwas tun, was sie selbst für »falsch« halten (Ehebruch ebenso wie Vergewaltigung), zu diesem Zeitpunkt besonders anfällig für Schuldgefühle sind. Was für potentielle Entführungsopfer gilt, ist sicher auch hier sinnvoll. Die Frau kann versuchen, dem Täter klarzumachen, daß sie nicht diejenige ist, die er sich vorgestellt hat, und auch kein geeignetes Sexualobjekt. Sie kann ihm sagen, wie sie heißt, und darauf hinarbeiten, daß er sie als Mensch wahrnimmt. »Ich heiße Judith. Und Sie? Ich habe sowas schon in der Zeitung gelesen. Ich verstehe gar nicht, wie Leute so etwas Schlimmes machen können. Können Sie das verstehen?« Es ist auch möglich, eine gewisse Verbindung zu einem anderen Menschen herzustellen, indem Sie Ihre Atmung verlangsamen und ruhiger und sanfter sprechen.[13] Ein Täter erzählte, wie eine Frau ihn angesehen hatte. Sie hatte Tränen in den Augen. Sie blickte ihn nicht ängstlich an, sondern bekümmert. Und während sie mit ihm sprach, drückte sie sanft seinen Arm, als versuchte sie, ihn zu verstehen. Er fühlte sich in seine Kindheit zurückversetzt. Damals war er einmal unglaublich wütend gewesen, und seine Tante hatte ähnlich reagiert. Er geriet in Verwirrung und lief weg. Ein anderer Vergewaltiger erzählte: »Irgendwie hab ich das Opfer gar nicht gesehen. Ich bekam bloß eine wahnsinnige Wut auf meine Mutter. Einen Moment lang dachte ich wirklich, es sei meine Mutter.«

Einige Vergewaltiger reagieren positiv auf verständnisvolle Fragen: über sich und warum sie das Bedürfnis haben, Frauen zu überfallen; über die Probleme, die mit einem solchen Verhalten verbunden sind; über Probleme mit Frauen und schlechte Erfahrungen, die sie gemacht haben.

Und so kann der Kreislauf aussehen, aus dem das Opfer auszubrechen versucht: John (ein zorniger Vergewaltiger) hat Frauen überfallen, seit er zwölf Jahre alt war. Er beschreibt, was er dabei fühlt: »Vor einem Überfall bin ich meistens deprimiert, müde, fühle mich ungeliebt und genervt. Habe vielleicht finanzielle Probleme. Habe mit jemandem Streit gehabt. Ich fühle mich abgelehnt. Um aus all dem rauszukommen, beschließe ich, es an einer Frau auszulassen. Und wenn ich mich dabei durchsetzen kann – ob das jetzt Vergewaltigung ist oder ob ich denen bloß meinen Schwanz zeige –, fühle ich mich hinterher entspannt und ausgeglichen.«

Es ist durchaus möglich, daß Vergewaltiger auf Gespräche über ihre Gefühle – das Abgelehntwerden und ihre Einsamkeit, den Frust, den sie empfinden, weil sie ihr Verhalten nicht beherrschen können – positiv reagieren. Je länger ein Vergewaltiger eine Frau reden läßt, um so wahrscheinlicher schafft sie es, ihn aus seiner

Aggression herauszuholen und den Überfall zu beenden. Selbst wenn sie der Vergewaltigung nicht entgeht, wird sich der Täter ihr gegenüber möglichererweise weniger gewalttätig verhalten. Das ist eine der wenigen Faustregeln bei Vergewaltigung: Das Opfer sollte nur dann aufhören, mit dem Täter zu sprechen, wenn er das ausdrücklich befiehlt oder wenn die Gefahr vorüber ist. Wenn das Gespräch zu Ende ist, macht der Vergewaltiger entweder weiter, oder er zieht sich zurück. Wer Empathie zeigen will, muß überzeugend sein. Wenn der Vergewaltiger das Gefühl hat, er soll manipuliert werden, die Situation gleitet ihm aus der Hand oder er wird ganz einfach aufgehalten in der Hoffnung, jemand könnte zu Hilfe kommen, er soll in Sicherheit gewiegt werden, damit das Opfer einen Fluchtversuch unternehmen kann, macht er vielleicht plötzlich Ernst.

Wenn ein Täter der Frau zu irgendeinem Zeitpunkt sagt, sie könne gehen, oder ihr Gelegenheit zur Flucht gibt, sollte sie das sofort wahrnehmen. So ein Mann überlegt es sich wahrscheinlich irgendwann anders, oder seine Stimmung ändert sich. Mehrere Vergewaltiger haben erzählt, wie sie ihre Opfer unbewacht alleingelassen haben, fast als wollten sie ihnen Gelegenheit zur Flucht geben. Viele Frauen sind allein in irgendwelchen Zimmern, Autos und sogar außerhalb von Gebäuden geblieben, während der Täter wegging, dabei hatte er ihnen manchmal nur befohlen, sich nicht zu rühren. Vermutlich aus Angst, sich zu bewegen, warten viele Frauen dann fast immer – mit der Gefahr, dann vielleicht noch einmal vergewaltigt zu werden.

Phase fünf – Die Vergewaltigung

Damit sein Opfer tut, was er will, benutzt der Täter Drohungen und Gewalt. Vielleicht ist das Opfer körperlich unterlegen, psychisch aber noch nicht besiegt. Dann kann er versuchen, sein Selbstwertgefühl zu zerstören. Er kann die Frau als Hure, Schlampe, blöde Kuh oder ein Stück Scheiße bezeichnen. Aber wenn ein Täter entwürdigende Dinge sagt oder tut, muß es ihm deshalb noch lange nicht gelingen, sein Opfer zu demütigen.

Die Frau sollte sich klarmachen, daß der Überfall nicht ihr als Einzelperson gilt. Sie ist zufällig ausgewählt worden, weil sie eine Frau ist und möglicherweise weil der Vergewaltiger sie, sehr subjektiv, für einen bestimmten Typ von Frau hält. Vielleicht erlebt sie, vor allem wenn sie ein schwaches Selbstwertgefühl hat, die Vergewaltigung als Beweis dafür, daß sie auf Liebe, Freundlichkeit oder Respekt keinen Anspruch hat. Ihre Schlußfolgerung lautet: »Wenn dieser Mensch mich so behandelt, bin ich vielleicht wirklich so.« Aber was sie da erlebt, ist kein persönliches Werturteil, sondern der Ausdruck einer Haltung, die in unserer Gesellschaft Frauen gegenüber weit verbreitet ist und die in den Taten des Vergewaltigers, der an ihr ein angestautes Konzentrat aus seiner kranken Logik und seiner verbitterten Lebenserfahrung abläßt, ihren extremsten Ausdruck findet. Wieviel Widerstand eine Frau leistet, hängt davon ab, wie sie die Vereinnahmung ihres Körpers und den Grad der angewendeten Gewalt erlebt und wie sehr sie vor Angst gelähmt ist. Es lassen sich drei Ebenen körperlichen Widerstandes unterscheiden.

Die erste Ebene wird der Täter nicht als Gegenwehr einstufen, sondern eher als menschliche Reaktion auf eine bedrohliche Situation. Sie ist durchaus geeignet, den Täter von einem Plan abzubringen. Dazu gehören gehören zum Beispiel das Urinieren, in Ohnmacht fallen oder epileptische Anfälle.

Auf der nächsten Ebene wehrt sich das Opfer, um sich zu schützen – es bereitet dem Täter Umstände. Damit wird vor allem Zeit gewonnen. Widerstand kann den Täter auch erregen und sogar dazu führen, daß er ejakuliert, bevor er in sein Opfer eingedrungen ist. Es gibt auch Frauen, die, nachdem klar war, daß sie die Vergewaltigung nicht verhindern konnten, wenigstens die Penetration vermieden haben, indem sie sexuell die aktive Rolle übernahmen. Das reduziert das Risiko einer Geschlechtskrankheit oder Schwangerschaft und vielleicht auch das Ausmaß der Gewalt, dem die Frau ausgesetzt ist, aber es erschwert auch die Überführung des Täters.

Die dritte Ebene körperlichen Widerstands ist der Gegenangriff. Wenn eine Frau bereit ist, lieber eine größere Gefahr für ihr Leben in Kauf zu nehmen als sich vergewaltigen zu lassen, greift sie den Täter an. Das sollte sie dann versuchen, wenn der Täter am schwächsten ist, und nur, um sich eine Möglichkeit zur Flucht zu schaffen. Vergewaltigungen durch eine ganze Täterbande dürfen nicht unerwähnt bleiben. Sie scheinen zuzunehmen und können ganz besonders brutal sein. Die meisten Männer, die der Autor kennengelernt hat und die an solchen Bandenvergewaltigungen teilgenommen haben, waren Soziopathen und hatten als Jugendliche gleichaltrige Frauen überfallen. Manche beschrieben, wie sie durch die Gruppe mitgerissen wurden, unter großem Druck standen und mitmachen mußten. Wenn Mitglieder solcher Banden sich heraushalten wollen, werden sie oft verspottet, lächerlich gemacht oder bedroht. Manchmal wird bei solchen Überfällen gleichzeitig der Freund des Opfers entführt, oder man lauert beiden zusammen auf, und er wird gezwungen zuzusehen.

Bei einer Vergewaltigung durch eine ganze Täterbande hat das Opfer kaum die Chance, mit ihren Tätern einen Dialog zu führen, in der Regel herrscht eine Atmosphäre aus prahlerischem Macho-»Humor« und höhnischem Gelächter. Es gibt Täter, die behaupten, Frauen nähmen diese Art Spaß gar nicht übel, und Bandenvergewaltigungen seien auch nicht so schlimm, weil die Opfer keine Angst zu haben brauchten, umgebracht zu werden. Die Schönfärberei der furchtbaren Wirkungen einer solchen Tat auf das Opfer ist typisch für die Rechtfertigungslogik der Täter. Die einzige Chance auf ein vorzeitiges Ende des Überfalls ohne Hilfe von außen wäre ein widerstrebendes Bandenmitglied, welches das Opfer versuchen könnte, auf seine Seite zu ziehen.

Einigen Frauen gelingt es – warum auch immer –, zumindest psychisch Herrin der Lage zu bleiben, den Kopf nicht zu verlieren, selbst wenn sie vergewaltigt werden. Harry brach in ein Haus ein, überfiel eine Frau in ihrem Schlafzimmer und zog ihr eine Tüte über den Kopf. Er bedrohte sie und fuhr ihr mit einem Messer den Rücken auf und ab, während er sie vergewaltigte. Obwohl sie große Angst hat, tastete sie bewußt seinen Körper nach besonderen Kennzeichen ab. Sie schrieb im Geiste auf, was er für Haare hatte, ob er einen Schnäuzer oder einen Bart trug, was er mit ihr machte und wie seine Stimme klang, um später der Polizei so viele Informationen geben zu können wie möglich. Auf diese Weise hatte sie das Gefühl, nicht ganz hilflos zu sein, auch wenn sie nicht viel tun konnte. Als sie später behutsam und verständnisvoll befragt wurde, lieferte sie eine dreiseitige Beschreibung eines Täters, den sie nie gesehen hatte. Damit konnte Harry sofort verhaftet werden. Das alles spielte sich in den USA ab, und die Polizei hatte nach den Aussagen der Zeugin das »psychologische Profil« des Gesuchten angefertigt. Inzwischen wird dieses Verfahren auch in anderen Ländern mehr und mehr genutzt.

Dadurch, daß die Frau systematisch Informationen sammelt, die bei der Verhaftung des Täters helfen können, fühlt sie sich dem Vergewaltiger nicht völlig ausgeliefert, auch wenn er ihr körperlich überlegen ist. Normalerweise sammeln wir Eindrücke von anderen Menschen, ohne uns das bewußt vorzunehmen. Wer jedoch vorhat, jemanden später zu beschreiben, muß konzentrierte Vorarbeit leisten. Es gibt eine ganze Reihe von Dingen, die sich das Opfer während der Vergewaltigung merken kann und die bei der Identifizierung und erfolgreichen Strafverfolgung des Vergewaltigers helfen können:

1 *Wie nimmt der Täter Kontakt auf?*
 Ist Ihnen vor dem Überfall irgend etwas aufgefallen? Wie nähert sich der Vergewaltiger seinem Opfer? Geht er feinfühlig vor, mit Charme, aggressiv, unverschämt, oder fällt er plötzlich über sein Opfer her? Welche Worte benutzt er?

2 *Wie schüchtert er sein Opfer ein?*
 Benutzt er Drohungen? Was für Drohungen? Unterstreicht er seine Drohungen mit körperlicher Gewalt oder einer Waffe (einem Strick, anderen Dingen)? Welche Worte benutzt er? Irgendwelche ungewöhnlichen Redewendungen? Besitzt er eine Waffe? Was für eine Waffe? Wie benutzt er die Waffe? Legt er die Waffe irgendwann aus der Hand? In welchem Ausmaß wird Gewalt angewendet?

3 *Wie hält der Täter sein Opfer anschließend in Schach?*
 Droht er weiterhin? Wendet er Gewalt an? Wie macht er das? Macht er sich über sein Opfer lustig? Verspricht er eine Belohnung? Was für eine? Wie ist sein Verhalten (großtuerisch, reumütig)? Vermittelt er den Eindruck, daß das nicht sein erster Überfall ist? Hat er Angst, identifiziert oder verletzt zu werden? Hat er Erfahrung mit der Arbeitsweise der Polizei?

4 *Sexuelle Handlungen*
Hat er spezielle Wünsche, was die Kleidung angeht? Andere Wünsche? Was tut er, ohne vorher zu fragen oder zu fordern? Zwingt er sein Opfer zu vaginalem, oralem, analem Sex oder zu diversen Formen? Besteht er darauf, geküßt zu werden? Was sagt er, welche Terminologie benutzt er? Fordert oder tut er Dinge, die Ihnen pervers erscheinen? Was zwingt er Sie zu sagen oder zu tun? Wie reagiert er, wenn Sie sich weigern? Weist der Täter irgendwelche sexuellen Funktionsstörungen auf (vorzeitigen oder verspäteten Samenerguß)? Befiehlt er seinem Opfer, bestimmte Kleidungsstücke anzuziehen, zeigt er für bestimmte Kleidungsstücke oder Körperteile (zum Beispiel die Füße) besonderes Interesse? Wie ist der Ablauf seines sexuellen Verhaltens?

5 *Verbale Ausdrucksweise*
Was sagt er während der Tat? Welche Wörter benutzt er genau? Wie können Sie Dialekt, Akzent, Tonfall, Stimmlage am besten beschreiben? Unterliegt der Täter Stimmungsschwankungen? Ändert sich sein Verhalten? Was sagt er zu seinem Opfer, bevor er weggeht? Stößt er weitere Drohungen aus? Entschuldigt er sich? Nimmt er etwas mit?

6 *Körperliche Erkennungszeichen*
Farbe und Struktur des Haares, Form der Nase, Ohren, Augen, Kinn. Irgendwelche Narben, Tätowierungen, Leberflecken? Trägt er einen Schnäuzer, einen Bart? Was für einen? Ist er beschnitten? Wie ist er angezogen (Kleidung, Schuhe)? Versucht er, sein Gesicht zu verhüllen?

Wenn eine Frau versucht, solche Informationen über den Vergewaltiger zu sammeln, sollte sie natürlich aufpassen, daß der Täter das nicht merkt.

Phase sechs – Nach der Vergewaltigung

Obwohl die Vergewaltigung bereits stattgefunden hat, ist dies die kritischste Phase: Vermutlich ist das Opfer der einzige Mensch, der die Tat bezeugen und den Täter ins Gefängnis bringen kann. Nach der Verbrechensstatistik zu urteilen, töten Vergewaltiger ihre Opfer relativ selten. Aber die Einführung längerer Haftstrafen für Vergewaltigung hat zur Folge, daß solche Täter ähnliche Strafen verbüßen müssen, ob sie nun töten oder nicht. Es gibt verschiedene Arten, wie ein Vergewaltiger sein Opfer zurücklassen kann. Ein Mann, der sicher ist, daß er nicht identifiziert werden kann, läßt die Frau vielleicht einfach irgendwo stehen oder liegen oder wirft sie zum Beispiel aus dem Auto. Ein anderer droht möglicherweise, ihren Kindern etwas zu tun, falls sie ihn anzeigt. Vielleicht entschuldigt er sich auch und bittet sie, ihm zu versprechen, daß sie ihn nicht verrät. Auf jeden Fall will er sicher sein, daß sein Opfer ihn nicht anzeigt. Es wirkt beruhigend auf Vergewaltiger, wenn die Frau ihnen sagt, daß sie sich viel zu sehr schämt, um irgend jemandem davon zu erzählen, daß sie Angst hat, ihr Mann oder Freund könnte davon erfahren, daß sie ihrer Familie diese Schande ersparen will oder daß ihr sowieso niemand glauben würde.

Sobald der Täter der Frau erlaubt zu gehen, sollte sie gehen. Wie bereits erwähnt, ist es leicht möglich, daß sich die Stimmung des Vergewaltigers ändert. Sobald die Frau frei ist, muß sie entscheiden, ob sie Anzeige erstatten will oder nicht. Es ist inzwischen erwiesen, daß Frauen, die völliges Stillschweigen bewahren und ihre Erlebnisse in ihrem Inneren verschließen, viele Jahre lang psychisch darunter leiden. Zu den psychischen Konsequenzen einer Vergewaltigung zählen sexuelle Unlust, dauerhafte Schuldgefühle, Angst vor Männern, Ruhelosigkeit, Ziellosigkeit, Rückzug in die Einsamkeit. Besonders grausam ist es, wenn Vergewaltigung oder Kindesmißbrauch auf die Sexualität des Opfers abfärben. Die meisten Vergewaltigungsopfer werden von Erinnerungen gepeinigt und erleben das Trauma immer wieder neu. Aber es gibt auch Frauen, vor allem solche, die als Kind mißbraucht wurden, die Vergewaltigungsphantasien plötzlich sexuell erregend finden. Möglicherweise vergrößert das ihre Schuldgefühle noch, es ist aber auf jeden Fall eine weitere destruktive Konsequenz der Vergewaltigung.

Es gibt viele Gründe, warum Frauen, die vergewaltigt worden sind, keine Anzeige erstatten. Einer davon ist, daß sie Angst vor unsensiblen Polizisten und zweifelnden oder sogar herabwürdigenden Vernehmungen bei Gericht haben. Für manche Frauen waren Anzeige und Gerichtsverfahren schlimmer als die Vergewaltigung selbst und haben die Erfahrung der Wertlosigkeit nur noch verstärkt. Julie befindet sich zur Zeit stationär in einer psychiatrischen Klinik. Erst jetzt, mit Mitte Dreißig, hat sie angefangen, mit ihrer Therapeutin an dem zu arbeiten, was vermutlich die Hauptursache ihrer psychischen Krankheit ist. Als Fünfzehnjährige hatte sie sich nachts von einem Autofahrer mitnehmen lassen. Der Fahrer vergewaltigte sie auf sadistische Weise. Sie schlug sich zu einem Haus durch, und dessen Bewohner riefen die Polizei, ihre Eltern und einen Arzt an. Als der Vater eintraf, schlug er ihr ins Gesicht und machte ihr Vorwürfe, weil sie per Anhalter gefahren war. Der Arzt verschrieb Beruhigungsmittel, die das Trauma ausblendeten, und erzählte der Polizei, sie sei zu verstört, um eine Aussage zu machen. Die Polizei versicherte ihr, daß der Mann erneut zuschlagen würde und daß sie ihn dann fassen würden. Der Mann vergewaltigte tatsächlich eine weitere Frau, und Julie machte sich Vorwürfe, weil sie nicht ausgesagt und die Vergewaltigung verhindert hatte.

Das Vorgehen der Polizei bei Vergewaltigungen hat sich inzwischen etwas gebessert. Teilweise werden die Überlebenden jetzt in besonderen Räumen und von Polizistinnen befragt. Aber noch immer bleibt viel zu wünschen übrig. Bestimmungen lassen sich schnell ändern, die Haltungen, die ihnen zugrunde liegen – wie etwa die Schuld der Frau an der Vergewaltigung –, ändern sich nur langsam. Die Polizei beginnt jedoch einzusehen, daß für den Umgang mit Vergewaltigungen eine spezielle Ausbildung nötig ist, und es werden inzwischen solche Kurse angeboten.

Wichtige Gründe sprechen dafür, zur Polizei zu gehen. Gail Abarbanel vom Therapiezentrum für vergewaltigte Frauen in Santa Monica ist der Meinung, wer Frauen abrät, Anzeige zu erstatten, verhalte sich »destruktiv, denn es impliziert, daß das Opfer an der Vergewaltigung mitschuldig ist.«

Aus der Perspektive der Verbrechensabwendung ist wichtig zu wissen, daß Männer, die einmal vergewaltigt haben, dies vermutlich auch weiterhin tun werden und sich jedesmal, wenn sie ungeschoren davonkommen, bestärkt fühlen.

Wenn alle Sexualdelike – auch die sogenannten minder schweren Straftaten wie obszöne Telefonate und Erregung öffentlichen Ärgernisses – angezeigt würden, käme das Ausmaß dieses Problems deutlich zum Vorschein. Es stände eine Flut von Informationen zur Verfügung, und die Täter könnten leichter gefaßt werden.

Frauen, die bewußt keine Anzeige erstattet haben, sollten sich jedoch auf keinen Fall die Schuld an weiteren Vergewaltigungen geben. Der Täter ist für jede Vergewaltigung und für ihre Konsequenzen verantwortlich. Und auch die Polizei, die Gilde der Rechtsgelehrten und die gesamte Gesellschaft perpetuieren Haltungen und Vorurteile, die zu dem Entschluß vieler Frauen beitragen, das ihnen widerfahrene Drama für sich zu behalten.

Die Mitarbeiterinnen von *Rape Crisis*, wie die Notrufzentren für vergewaltigte Frauen in englischsprachigen Ländern heißen[14], haben inzwischen große Erfahrung darin, wie sie Vergewaltigungsopfern helfen können, mit der furchtbaren Erfahrung, die sie gemacht haben, weiterzuleben. Sie bedrängen keine Frau, die zu ihnen kommt, um sich beraten zu lassen, zur Polizei zu gehen, helfen aber, falls sie sich dazu entschließt. Gespräche mit ihnen, mit engen FreundInnen oder Verwandten helfen den Frauen, die Folgen der Vergewaltigung, Angst, Schuldbewußtsein, Verlust an Selbstwertgefühl und Wut zu überwinden. Die Telefonnummer des nächsten Frauen-Notrufs finden Sie im Telefonbuch.[15]

VIER

Sexueller Mißbrauch
an Mädchen und Jungen

Kinder werden vermutlich noch häufiger vergewaltigt und mißbraucht als erwachsene Frauen.[16] N. Cager und S. Schuur gehen in *Sexual Assault: Confronting Rape in America* (etwa: Vergewaltigung in Amerika: Unbeschönigter Bericht) davon aus, daß in den USA pro Jahr mehr als eine Million Kinder mißbraucht werden. Sie schreiben: »Wie vorher ihre Mütter lernen kleine Mädchen frühzeitig, sexuellen Mißbrauch zu ertragen. Wenn sie ein paarmal erlebt haben, wie die Menschen, die ihnen am nächsten stehen, ungläubig, erschüttert, beschämt, peinlich berührt oder wütend reagieren, wissen sie zu schweigen.«

Wenn Mädchen und Jungen über ihre Erlebnisse erzählen, erfahren sie oftmals, daß ihnen niemand glaubt oder daß ihnen vorgeworfen wird, selbst schuld zu sein. Selbst wenn teilweise anerkannt wird, was ein Kind durchgemacht hat, fällt es anderen Menschen schwer, sich mit dem Trauma und dem Schaden, den solche Erlebnisse verursachen, auseinanderzusetzen. Es wird verdrängt, was das Kind erlebt hat. So läßt die Tendenz, die Bedeutung herunterzuspielen oder den Schaden zu begrenzen, dem Opfer keine andere Wahl, als »das Geheimnis allein zu tragen«. Viele Frauen sehen sich erst viel später in ihrem Leben in der Lage, einem anderen Menschen anzuvertrauen, daß sie in ihrer Kindheit mißbraucht worden sind.

Julie war dreißig Jahre alt, als sie während einer Therapiesitzung zum ersten Mal davon erzählte, wie ihr Stiefvater sie als Kind an ihr Bett gefesselt und vergewaltigt hatte.

Mary konnte erst mit 28 darüber sprechen, wie sie mit dreizehn auf dem Rücksitz eines Taxis vom Fahrer vergewaltigt worden war. Sandra wurde während ihrer gesamten Kindheit von ihrem Vater sexuell mißbraucht. Sie war 50 Jahre alt, als sie endlich darüber sprechen konnte.

Michelle wurde mit zwölf von einem sadistischen Vergewaltiger in seinem Auto mitgenommen. Er fuhr mit ihr in den Wald, schlug sie, bedrohte sie mit einem Messer und vergewaltigte sie. Trotz ihrer Verletzungen getraute sie sich nicht, ihren Eltern oder anderen Erwachsenen davon zu erzählen. Sie sagte, sie sei vom Fahrrad gefallen. Sie merkte, daß ihre Eltern ihr nicht glaubten, aber gleichzeitig auch nicht mehr wissen wollten. Sie war Mitte vierzig, als sie zum ersten Mal einem anderen Menschen davon erzählte.

Sicherlich gibt es weit mehr Frauen, die niemals über den Mißbrauch in ihrer Kindheit werden sprechen können. Berichte von Tätern und auch von Überlebenden lassen darauf schließen, daß Mißbrauch an Mädchen und Jungen viel häufiger vorkommt, als die erstatteten Anzeigen ahnen lassen.

Roger war dabei, wie seine Tochter versuchte, ihrer Mutter zu erzählen, wie er sie (bei vier verschiedenen Gelegenheiten) mißbraucht hatte. Die Mutter berichtete Roger lediglich, daß das Kind schwindelte und Märchen über ihn erzählte. Er gab ihr ein paar hinter die Ohren, um sie zu strafen. Sie versuchte, den *NSPCC*[17], den Kinderschutzbund, zu informieren, aber die MitarbeiterInnen befragten ihn nur und unternahmen nichts. Das Mädchen sagte es ihren Verwandten und ihren LehrerInnen. Die Tatsache, daß sie mehreren Leuten davon erzählt hatte, wurde später erfolgreich von ihrem Vater als Beweis dafür angeführt, daß sie sich alles nur eingebildet hatte. Er mißbrauchte sie weiter, und seine Tochter sagt heute, sie habe das Gefühl, daß die Gesellschaft sie ebenso mißbraucht habe wie ihr eigener Vater.

Genau wie Männer, die Sexualstraftaten an Frauen begangen haben, gestehen auch Kindesmißbraucher in der Therapie oft noch eine ganze Reihe weiterer Taten ein, die nie strafrechtlich verfolgt wurden. Ein früherer Kindertherapeut gab in einer Fernsehsendung mehr als 2.000 Straftaten zu.[18]

Häufig warnen Eltern ihre Kinder vor Erwachsenen, die sie nicht kennen. »Nimm keine Süßigkeiten von fremden Leuten an«, wird ihnen eingeschärft. In den letzten zehn Jahren haben wir gelernt, daß es vermutlich viel wichtiger ist, Kinder vor Erwachsenen zu schützen, die sie sehr wohl kennen. 80 Prozent der aktenkundigen Fälle von sexueller Gewalt gegen Mädchen und Jungen in Großbritannien von 1983 bis 1987 fanden im Elternhaus der Kinder statt.[19]

Trotz ausgiebiger Berichterstattung über sexuellen Kindesmißbrauch in den letzten Jahren gilt das größte Interesse der Medien immer noch solchen Fällen, die mit Kindesentführung und -mord zu tun haben.

Ein Teil der Männer, die Kinder mißbrauchen, sind Sadisten.[20] Einer beschrieb, wie er seine kindlichen Opfer bewußt auf rauhem Beton oder auf Kies vergewaltigte, um den Schmerz, den er ihnen zufügte, noch zu steigern. Es gibt spezielle Kinderpornos, die zum Teil weltweit verkauft werden. Ein Artikel lädt die Leser ein, sich vorzustellen, wie schön es sei, kleine Kinder brutal zu vergewaltigen. Selbst wenn der Täter kein Sadist ist, verursacht Geschlechtsverkehr zwischen einem Erwachsenen und einem Kind zwangsläufig körperliche Schäden. Es werden Kinder vergewaltigt, die erst ein Jahr alt oder sogar noch jünger sind.

Es lassen sich fixierte und regressive Kindesmißbraucher unterscheiden.[21]

Ein fixierter Kindesmißbraucher wird normalerweise durch Erwachsene nicht sexuell erregt, er fühlt sich möglicherweise nur in der Gesellschaft von Kindern richtig wohl und hat auch keine dauerhaften Beziehungen mit Leuten seines Alters. Wenn er Freunde hat, sind sie vermutlich ebenfalls pädophil. Viele Männer dieser Kategorie sind selbst als Kinder sexuell mißbraucht worden und haben ihre Mißbrauchserfahrungen in ihre eigene Sexualität integriert. Es kann sein, daß sie Jungen lieber mögen als Mädchen. Für viele ist die Geschlechtsreife ein Problem; manchmal werden Kinder uninteressant, sobald eine Körperbehaarung sichtbar wird.

Der regressive Kindesmißbraucher kann eine stabile Beziehung zu einer Frau haben oder sich von Frauen sexuell angezogen fühlen, ist aber vielleicht unsicher in seiner Sexualität und benimmt sich in Beziehungen mit Frauen eher unreif.

Wenn er ein Kind mißbraucht, dann geschieht das vermutlich aus einem Impuls heraus – nach einem Streit oder in einer Problemsituation. Möglicherweise hat er Alkoholprobleme, seinen Arbeitsplatz verloren, Depressionen. Er macht das Kind zu einem Pseudo-Erwachsenen (behandelt und betrachtet es als Erwachsenen) oder regrediert selbst und sucht bei dem Kind Trost und Verständnis. Nach seiner Tat ist er tief beschämt, was ihn aber nicht davon abhalten wird weiterzumachen, wenn seine persönlichen Probleme erneut auftreten.

An dieser Stelle hält es der Autor für sinnvoll, zusätzlich die Kategorie des inadäquaten Kindesmißbrauchers und die des inadäquaten fixierten Kindesmißbrauchers einzuführen. Der inadäquate Kindesmißbraucher ist möglicherweise geistig behindert, senil oder geistesgestört, und es fehlt ihm an seelischer und geistiger Reife. Er hat Probleme mit der Sexualität, weil es ihm nicht gelingt, Beziehungen aufzubauen. Vielleicht gilt er als sozialer Versager. Er ist unsicher, und sein Sexualverhalten wird stark durch Neugier bestimmt. Er empfindet Kinder nicht als bedrohlich.

Der inadäquate fixierte Kindesmißbraucher besitzt nicht die sozialen Fähigkeiten, um Beziehungen zu Kindern herzustellen. Er mißbraucht kleine Kinder oder Kinder, die er nie vorher gesehen hat. Vielleicht bietet er ihnen als Gegenleistung für Sex kleine Geldsummen an. Auf ihn paßt das Bild vom »dirty old man«, dem schmutzigen alten Mann, der vor Schulen und öffentlichen Toiletten herumlungert. Vielleicht belästigt er Kinder durch exhibitionistische Handlungen, durch obszöne Telefonate und benutzt Kinderprostituierte. Er ist einsam und isoliert und normalerweise älter.

Die regressive Kategorie ist für unsere Zwecke relativ unbrauchbar. Sie zeichnet sich vor allem dadurch aus, daß man anhand dieser Täter versucht, Gründe für das Verhalten von Kindesmißbrauchern zu finden, und nicht durch irgendwelche wesentlichen Merkmale. Richter und auch Mißbraucher selbst scheinen manchmal dazu zu tendieren, die Straftaten als Überreaktionen auf berufliche Anspannungen oder Konflikte in der Familie anzusehen und zu entschuldigen. Vor kurzem wurde vor dem Berufungsgericht – zum ersten Mal in der Geschichte Großbritanniens – in einem Fall von Kindesmißbrauch das Urteil aufgehoben und die verhängte Haftstrafe von drei auf sechs Jahre erhöht. Gleichzeitig kündigte Lord Lane[22] an, er wolle Richtlinien für künftige Gerichtsurteile erarbeiten lassen.[23] In der Regel wird heute in Fällen von Kindesmißbrauch in der Familie noch auf mildernde Umstände erkannt, die auf traditionellen Mythen basieren. Diese Mythen erzählen von Promiskuität und verführerischen Reizen des Kindes, und das Alter des Kindes gilt als ausschlaggebend dafür, ob ein Vater ins Gefängnis mußte. Dabei ist es völlig unwahrscheinlich, daß eine sechzehnjährige Tochter eine sexuelle Beziehung zu ihrem Vater aufnimmt. Und ein Vater, der mit seiner heranwachsenden Tochter sexuell verkehrt, hat sie unter Umständen schon vorher jahrelang mißbraucht. Es scheint sich wenig geändert zu haben, seit das dritte Buch Mose und seine alttestamentarischen Gesetze aufgezeichnet wurden und Söhne und Töchter ermahnten, keine sexuellen Beziehungen zu ihren Müttern und Vätern zu unterhalten.

Kindesmißbraucher erklären und entschuldigen ihre Taten sich selbst und ihren Therapeuten gegenüber mit einer Vielzahl von Gründen. David vergewaltigte seine Stieftochter »um sie zu strafen«, weil sie ihn zu Hause nicht akzeptieren wollte, ihm nicht genug Zuneigung zeigte und ihn zurückwies. Sie habe ihn vor seiner Frau »lächerlich gemacht«. Brian berichtet, er sei in eine sexuelle Beziehung mit seiner Tochter hineingerutscht, während er sie »strafte«. Noch als sie fünfzehn war, versohlte er ihr den nackten Po. Wenn sie sich wehrte, mißbrauchte er sie statt dessen.

Andere behaupten, das Mädchen/der Junge habe sie verführt, ein Argument, das manchmal vor Gericht durchaus Gehör findet. Kürzlich sagte ein Mann aus, sein Stiefsohn, ein Kleinkind, habe ihm seinen nackten Popo provozierend vor den Penis gehalten. Ein anderer erzählte in einer Therapiesitzung, er sei mit seiner Stieftochter auf dem Schoß eingeschlafen, und als er aufwachte, habe sie ihre Finger in seinem Hosenlatz gehabt. Sie habe die Initiative ergriffen. Man fragte ihn, was er getan hätte, wenn er ihre Hand in seiner Brieftasche gefunden hätte. Prompt sagte er: »Ich hätte ihr gesagt, sie soll die Finger davon lassen.«

Manche Männer rechtfertigen ihre Taten damit, es sei gut für ein Kind, in der Sicherheit des eigenen Zuhauses zu erfahren, was Sex ist, oder es sei besser, ein Mann habe eine sexuelle Beziehung zu einem Kind, um seine Ehe aufrechtzuerhalten, als daß er eine außereheliche Beziehung anfange.

Viele schieben die Schuld auf sexuelle Unzulänglichkeiten ihrer Frauen – ein Argument, das vor Gericht durchaus zählen kann. Ein Vater, der sein eigenes Kind mißbraucht hatte, wurde während einer Therapie gefragt, wer denn für diese Taten verantwortlich sei. Er antwortete, 75 Prozent der Verantwortung lägen bei seiner Frau, da sie keinerlei Spaß an Sex habe, ihn nicht ernst nehme und sich nicht für seine Arbeit interessiere. Seine Tochter sei zu fünf Prozent verantwortlich, weil sie seine Aufmerksamkeiten nie zurückgewiesen habe und ständig verfügbar gewesen sei. Zwanzig Prozent der Schuld nahm er selbst auf sich, gab aber, während er diese zwanzig Prozent erklärte, noch zweimal seiner Frau die Schuld dafür, daß sie ihn so wütend gemacht habe.

Viele Täter sagen einfach, Sex sei etwas, das die Kinder ebenso genießen wie sie selbst. Vielleicht fügen sie noch hinzu, daß andere Kulturen sexuelle Beziehungen zwischen Erwachsenen und Kindern akzeptieren. Sie behaupten, sie kümmerten sich um Kinder, die sonst vernachlässigt würden. Dieser Sex schade ihnen nicht und sei nur ein geringer Preis, den die Kinder zahlten, um jemanden zu haben, der für sie da sei.

Diese Beschönigungen verschleiern eine ganze Reihe von Motiven: den Impuls, über einen machtlosen Menschen Macht auszuüben und diese Macht zu mißbrauchen, Angst vor der Welt der Erwachsenen, einen irregeleiteten Wunsch nach Rache an Frauen im allgemeinen durch die Verletzung dessen, was ihre Liebe und Zuneigung symbolisiert, und die Betrachtung von Frauen und Kindern als männliches Eigentum.[24] Manche Männer reproduzieren zudem den sexuellen Mißbrauch, den sie in ihrer Kindheit erfahren haben.

Die Vergewaltigung nach vorangegangener Entführung ist dagegen im Gegensatz zu der häufigeren Verführung von Kindern meist von Zorn motiviert. Ein Sexualstraftäter, der nach seiner Entlassung aus der Haft mit dem Messer auf ein kleines Mädchen eingestochen hatte, sagte: »Wenn ich meine Tochter nicht kriege, brauchen die ihre auch nicht.«

Kindesmißbraucher sind sehr geschickt darin, Zugang zu Kindern zu finden. Nur wenige Eltern haben eine Vorstellung davon, wieviele verschiedene Annäherungsmöglichkeiten und Täterpersönlichkeiten es gibt, wenn sie versuchen, ihre Kinder vor Fremden zu warnen. Es ist durchaus möglich, daß der sadistische Täter intelligent ist und gewinnend und selbstbewußt auftritt. Seine Überfälle auf Kinder werden durch einen Zwischenfall in seinem eigenen Leben ausgelöst. Es gibt Männer, die sich als Polizisten oder Pfarrer ausgeben oder sogar verkleiden. Einer dieser Täter sagte zu dem Kind, das er sich ausgesucht hatte: »Deine Mutter hat einen Unfall gehabt. Komm' schnell.« Ein anderer stand nach dem Unterricht vor der Schule: »Deine Mutter hat mich gebeten, dich abzuholen.« Manche Männer bedrohen die Kinder auch oder bieten ihnen Geld an, damit sie ihren Wünschen nachkommen.

Kindesmißbraucher, die sich in der Regel auf ihre Verführungskünste verlassen, sind pädophil, sexuell auf Kinder ausgerichtet. Sie haben einen Blick dafür, welche Kinder in Frage kommen, meistens konzentrieren sie sich auf Mädchen und Jungen, die unsicher und einsam sind oder vernachlässigt werden. Sie verführen sie über einen gewissen Zeitraum hinweg mit einer Mischung aus Schmeicheleien, Zuneigung und Geschenken. Sie wissen, wie man mit Kindern redet, oder können vielmehr zuhören und eine väterliche Rolle einnehmen. Sie finden heraus, was dem Kind zu

Hause und in der Schule Kopfschmerzen bereitet, und entwickeln die Rolle eines Ratgebers, dem das Mädchen/der Junge vertraut. Sie werden für das Kind das, worin die Eltern versagt haben, und verwandeln dieses Verhältnis dann mit viel Fingerspitzengefühl in eine sexuelle Beziehung. Dies gelingt zunächst mit doppeldeutigen Berührungen, jederzeit bereit für einen Rückzug, falls das Kind negativ reagiert – jedoch nur, um es später erneut zu versuchen. Ein Kind kann über Monate und Jahre hinweg verführt werden, wobei diese Manipulation dem Täter gar nicht bewußt zu sein braucht. Pädophile machen sich ebensoviele Illusionen über ihr eigenes Verhalten wie wir alle.

Falls notwendig, pflegen sie die Beziehung zu den Eltern, um eventuelle Ängste um das Kind auszuräumen und quasi eine elterliche Genehmigung für ihre Beziehung einzuholen. Wenn ein pädophiler Kindesmißbraucher überführt wird, reagieren Bekannte und NachbarInnen meistens erstaunt: »Das hätte ich nie gedacht. Er war so kinderlieb.«

Robert mußte zu Hause ausziehen, weil er seine Tochter sexuell mißbraucht hatte. Gleichzeitig hatte er andere Kinder in seiner Straße mißbraucht, das war jedoch unentdeckt geblieben. Er arbeitete zum Beispiel draußen an seinem Haus und bat einige Mädchen und Jungen, ihm die Leiter zu halten. Danach lud er sie ein, drinnen etwas zu trinken. Er gab ihnen ein bißchen Geld. Er lud sie ein, mit seinem Computer zu spielen. Er bat die Kinder, ihren Eltern unbedingt zu sagen, wo sie hingingen, und überprüfte das auch: »Wissen deine Eltern, daß du hier bist? Wenn nicht, geh' eben 'rüber und sag ihnen Bescheid. Los.« Manchmal saßen zwei oder drei Mädchen zusammen da, zuerst berührte er sie »aus Versehen« und dann eindeutig sexuell. Nur einmal hatte ein Mädchen verhindert, daß er ihr unter den Rock faßte.

Pädophile scheuen keine Mühe, um Zugang zu Kindern zu bekommen. In einem Fall, der durch die Presse ging, wurden in Brent einige Männer – darunter Martin, Peters und Delaney – wegen Kindesmißbrauchs an mehreren Jungen verurteilt. Die meisten Opfer waren »zur Fürsorgeerziehung« in Heimen untergebracht. Ken Martin hatte auf dem Markt einen Stand mit Spielzeug für Jungen. Er beschäftigte einen Jungen als Hilfskraft und bat die Eltern, ihn bei ihm übernachten zu lassen. Er hatte viel Spielzeug zu Hause, und das beste, vor allem die Autos mit Fernbedienung, stand auf einem Regal über seinem Bett.

Pädophile etablieren sich oft in Vertrauenspositionen, die ihnen Zugang zu Kindern verschaffen; sie suchen sich eine Arbeit in der Jugendhilfe, in Jugendverbänden und in Beratungsstellen, als Berater oder Therapeut, in der Kirche oder an der Schule. In einem Fall hatte sich ein Pädophiler, ein älterer pensionierter Offizier, mit Namen und Adresse an eine Privatschule gewandt, deren Schüler in ihrer Freizeit alte und einsame Menschen besuchten, um dabei einen Sinn für den Dienst an der Gemeinschaft zu entwickeln. Die Schule hatte keine Bedenken, ihm ab und zu junge Schüler vorbeizuschicken, die ihm in seinem Landhaus Gesellschaft leisteten.

In einem anderen Fall wurde ein Junge von seinen Eltern getrennt, weil er Verhaltensstörungen zeigte. Die Fürsorge bestimmte den ortsansässigen Vikar zum Pfleger. Später stellte sich heraus, daß er derjenige war, der das Kind von Anfang an mißbrauchte hatte.

Als die Psychologin Dr. Celia Kitzinger in einer Umfrage Schulkinder nach ihrer Vorstellung von Gerechtigkeit fragte, erlebte sie eine Überraschung. In einem Fragebogen, den sie an 2.000 Kinder schickte, wollte sie wissen, was sie in der Schule erlebt und als ungerecht empfunden hatten. Hundert Kinder erzählten in ihrer

Antwort von Vorfällen, in denen Lehrer versucht hatten, sich ihnen sexuell zu nähern.[25]

Alleinstehende pädophile Kindesmißbraucher sind oft nette Männer. Wenn sie eine besonders anerkannte soziale Position innehaben, nutzen sie ihren Status, um Kinder zu verführen. Ein Junge mit geringem Selbstwertgefühl, der möglicherweise schlecht in der Schule ist und zu Hause vernachlässigt wird, findet es sehr schmeichelhaft, wenn eine wichtige Person meint, es lohne sich, sich mit ihm zu beschäftigen.

In der Therapie gestehen viele pädophile Kindesmißbraucher, daß sie bewußt Beziehungen zu Frauen hergestellt haben, um Zugang zu deren Kindern zu bekommen. Die wachsende Zahl gescheiterter Ehen und entsprechend alleinerziehender Eltern kommt erwachsenen Kindesmißbrauchern deutlich entgegen.

Alleinerziehende Mütter besitzen oft geringe wirtschaftliche Mittel und sind gesellschaftlich isoliert. Ein fixierter (pädophiler) Kindesmißbraucher kann Monate darauf verwenden, eine Beziehung zu einer Mutter aufzubauen, sie sogar heiraten, um Zugang zu ihren Kindern und deren FreundInnen zu bekommen. Rodney setzte eine Anzeige in eine Londoner Zeitung und suchte die Bekanntschaft – spätere Heirat nicht ausgeschlossen – von Müttern mit blonden, blauäugigen Jungen. Er bekam acht Antworten und heiratete eine achtzehnjährige junge Mutter. Später wurden die beiden zu Pflegeeltern und nahmen mehr als 200 Kinder in Pflege. Während seiner gesamten 30jährigen Ehe mißbrauchte dieser Mann Kinder, erst mit 63 Jahren wurde er gefaßt.

Die mangelhafte Hilfe, die bedürftige Familien bekommen, erhöht ihre Anfälligkeit für Personen, die ihnen emotionale und wirtschaftliche Sicherheit zu bieten scheinen, aber es gibt auch staatliche Maßnahmen, die Kindesmißbrauchern auf direkterem Wege zuarbeiten. In Großbritannien werden obdachlose Familien zum Beispiel über längere Zeiträume in »Bed-and-Breakfast«-Unterkünften untergebracht, die sie tagsüber verlassen müssen. Inzwischen ist erwiesen, daß Kinder dabei eine Reihe von Entwicklungsstörungen davontragen. Gleichzeitig profitieren Kindesmißbraucher davon, die ebenfalls oft in solchen Unterkünften landen, wenn das Jugendamt sie gezwungen hat, zu Hause auszuziehen, oder wenn sie aus der Haft entlassen werden.

Stiefeltern haben es sicherlich schwer, und sie gelten denn auch – traditionell und über unterschiedliche Kulturen hinweg – allgemein als böse. Neuere Untersuchungen über sexuellen Kindesmißbrauch vermitteln jedoch keineswegs ein positiveres Bild. Aufgrund von Forschungsarbeiten in den Vereinigten Staaten und in Großbritannien kommen Margo Wilson und Martin Daly zu dem Ergebnis, daß für Kinder mit einem leiblichen und einem Stief-Elternteil »die Wahrscheinlichkeit, körperlich mißbraucht oder getötet zu werden, viel größer ist als für Mädchen und Jungen, die mit zwei leiblichen Eltern aufwachsen«[26]. Auch Kinder mit alleinerziehenden Müttern sind stärker mißbrauchsgefährdet, als wenn sie zwei leibliche Eltern hätten. Wir müssen an dieser Stelle jedoch betonen, daß zum einen nur eine kleine Minderheit von Stiefeltern ihre Stiefkinder mißbraucht und daß zum anderen erwiesen ist, daß Mißbrauch in Familien mit alleinerziehenden Müttern in den meisten Fällen von den männlichen Freunden und Bekannten der Mütter begangen wird und nicht von den Müttern selbst.

In dem Buch *Broken Promise – the World of Endangered Children* (etwa: Das gebrochene Versprechen – Kinder leben gefährlich) wird Dr. Eli Newberger, der Direktor der Abteilung Familiensoziologie am Kinderkrankenhaus in Boston, mit dem Hinweis zitiert, daß die Arbeitslosigkeit von Männern und die Tatsache, daß Frauen leichter Arbeit finden[27], zusammen mit der großen Zahl scheiternder Ehen dazu führen, daß Kinder oft von Männern betreut werden, die nicht ihre leiblichen Väter sind – »die ideale Konstellation für eine sexuelle – und natürlich auch körperliche – Ausbeutung von Kindern«[28].

Das Vordringen einiger Kindesmißbraucher in Familien erklärt sicherlich zum Teil, warum wir zunehmend mit Männern zu tun haben, die Kinder innerhalb und auch außerhalb der Familie mißbrauchen.

Es fällt Kindesmißbrauchern nicht schwer, Zugang zu Kindern zu finden. Das größere Problem ist es, ein Kind sexuell verfügbar zu halten und nicht entdeckt zu werden. Das Schweigen des Kindes muß auf jeden Fall gewährleistet sein. Um das zu erreichen, kann ein Vergewaltiger mit Gewalt oder Drohungen arbeiten. Aber nicht alle Kindesmißbraucher wählen oder brauchen solche Mittel.

Normalerweise erwecken sie in dem Kind Schuldgefühle, indem sie ihm vermitteln, es erlebe etwas, das zum Erwachsenwerden gehöre und normal sei, aber auch eine Ungezogenheit darstelle. Sie sagen dem Kind: »Du wolltest das ja«, oder: »Du hast mich dazu gebracht.« Sie appellieren an das Verständnis des Kindes: »Du und ich, wir sind ganz besondere Freunde, und Papa und Mama wären bestimmt traurig, wenn du ihnen was erzählen würdest.« Oder sie machen ihnen Angst vor den Konsequenzen: »Mama läuft bestimmt weg und läßt uns alleine, wenn du was sagst«, oder: »Die holen dich, und du kommst ins Heim, wenn du was sagst«, oder: »Die stecken mich ins Gefängnis, wenn du was sagst.«

Manche Männer sammeln Zeitungsartikel mit Berichten über die Unfähigkeit von Jugendämtern, um ihren jungen Opfern zu beweisen, daß es sinnlos ist, sie zu verraten. Sie zeigen ihnen Berichte von Mädchen und Jungen, die ihren Familien weggenommen wurden oder wieder zu ihnen zurückmußten, oder von einem Vater, der seinen Kindern weggenommen wurde.

Robert, den wir oben schon einmal erwähnt haben, hielt die Kinder vor allem mit Schuldgefühlen in Schach. Trotz der Tatsache, daß mehrere Kinder in seine Aktivitäten verwickelt waren, erzählte – soweit ihm bekannt war – keines der Mädchen seinen Eltern davon. Als er gefragt wurde, warum sie ihn nicht verraten hatten, antwortete er: »Weil sie mitgemacht haben.«

Sobald sich ein Mädchen oder ein Junge an dem, was geschieht, mitschuldig fühlt, ist der Täter relativ sicher, selbst über einen längeren Zeitraum hinweg.

Sexuell mißbrauchte Kinder finden sich manchmal in einem Netz von Angst und Zuneigung wieder, das sie von der Außenwelt abschneidet. Findet der Mißbrauch innerhalb der Familie statt, besitzt das Kind oft gar keine andere liebevolle Beziehung, und der Mißbraucher hat es emotional hervorragend im Griff. In *Broken Promise*[29] macht die ungewöhnliche Geschichte von Liz diese Not beklemmend deutlich: »Es hätte mir nicht soviel ausgemacht, meine Mutter zu verlieren, aber wenn man mich meinem Vater weggenommen hätte, hätte ich den Boden unter den Füßen verloren.« Der Mißbrauch durch den Vater hat ihr ganzes Leben massiv beeinträchtigt. Und doch hat er auch viel Zeit, Aufmerksamkeit und schöpferische Energie in die Beziehung investiert und sie zu seiner engsten Kameradin gemacht.

Um das Schweigen eines Mädchens/eines Jungen weiterhin zu gewährleisten, glauben manche Täter, den Mißbrauch fortsetzen zu müssen, auch wenn sie eigentlich das Interesse verloren haben. Indem sie weitermachen, bleiben die Schuldgefühle des Kindes wach. Ist das Opfer erst einmal diesem regelmäßigen Einfluß entzogen, ist eher anzunehmen, daß es redet. Jeder Kindesmißbraucher hat Angst, seine Opfer aus dem Griff zu verlieren. Das ist auch einer der Gründe, warum es Männer gibt, die – gegen alle Vernunft – selbst während ihrer Bewährungszeit bestimmte Kinder weiter mißbrauchen. Der Autor ist im Laufe seiner Arbeit mit Straftätern auch auf Fälle von rituellem Kindesmißbrauch im Rahmen sogenannter schwarzer Messen gestoßen. Wieviele »satanische« Zellen es gibt, ist nicht bekannt, der Trend geht zur Zeit dahin, jeden Fall, der irgendwie seltsam erscheint, als Ritualverbrechen zu bezeichnen. Im Grunde zeigt das nur, wie wenig wir über die Täter wissen. Es gibt jedoch durchaus Fälle, in denen das Schweigen des Kindes zum Teil dadurch sichergestellt wird, daß irgendwelche alltäglichen Sätze oder Handlungen – das Umrühren der Tasse oder der Satz: »Ich les dir noch eine Gutenachtgeschichte vor« – bewußt mit dem Mißbrauch verknüpft werden. In einzelnen Fällen wird dem Kind eine Assoziation suggeriert, die sie noch als erwachsene Frau erreichbar und für Kulthandlungen verfügbar macht und sogar den Zugang zu ihrem Kind ermöglicht. Wir wissen von einem Fall, in dem ein Mädchen die Geburt ihres eigenen Kindes als Assoziationsauslöser verinnerlicht hatte.

Assoziationen können durch jeden beliebigen Satz, jede Handlung ausgelöst werden. Ein Außenstehender merkt überhaupt nichts, aber das Kind wird sofort an den Mißbrauch oder an die Konsequenzen erinnert, die ihm drohen, falls es einem Außenstehenden davon erzählt.

Es ist für ein emotional verletzliches Kind unglaublich schwierig, sich gegen einen Erwachsenen zu schützen, der es sexuell mißbraucht. Die Hindernisse, die Mädchen und Jungen überwinden müssen, um andere auf die Geschehnisse aufmerksam zu machen – zum einen die Macht, die der Täter besitzt, zum anderen die Tendenz Erwachsener, einem Kind nicht zu glauben –, verhindern oftmals wirksame Hilfe.

Wenn wir Mädchen und Jungen aus dem Gefängnis des Schweigens befreien wollen, das Kindesmißbraucher um sie herum errichten können, müssen wir ein Klima schaffen, in dem sie das Gefühl haben, reden zu können und auch effektive Hilfe zu bekommen.

Wenn es darauf ankommt, glauben wir eher Menschen, die Macht besitzen, als den weniger starken, und darum haben kindliche Opfer sexuellen Mißbrauchs keine guten Karten. Man begegnet ihnen nicht nur mit Unglauben, sie werden vielleicht auch noch für ihre Lügen bestraft und geraten immer hoffnungsloser in einen Zustand der Hilflosigkeit und Isolation hinein. Darum ist es wichtig, daß wir nicht vergessen, was uns die Fachleute sagen: Bei solchen Dingen lügen kleine Kinder fast nie.

Es ist inzwischen wichtige Pionierarbeit geleistet und auch dokumentiert worden, wie wir kleine Kinder, ohne ihnen Angst einzujagen, vor möglichen Mißbrauchern warnen können. Ein bemerkenswertes Beispiel ist *Kidscape* (aus Kid und Escape, etwa: Kinder retten ihre Haut), eine Einrichtung, die Michelle Elliott[30] gegründet hat. Hier lernen Kinder unter anderem den Unterschied zwischen gutem und schlechtem Körperkontakt und wie wichtig es ist, über Erlebnisse zu sprechen, die ihnen ein ungutes Gefühl vermittelt haben.

Auch die Medien haben sich von ihrer besten Seite gezeigt und viel getan, um das Thema Kindesmißbrauch an die Öffentlichkeit zu bringen. Sie haben eine Atmosphäre geschaffen, in der dieses Thema relativ leicht angenommen und gut verstanden werden konnte, anstatt eine Abwehrhaltung auszulösen. Als *Thames Television TV Eye* eine zweiteilige Sendung über Kindesmißbrauch brachte, riefen viele Frauen an, die sich durch die Art, wie das Thema behandelt wurde, so angesprochen fühlten, daß sie zum ersten Mal über den Mißbrauch in ihrer Kindheit sprechen konnten.

Es ist ungeheuer wichtig, ein Klima herzustellen, in dem Kinder reden können. Wenn sie sofort nach dem ersten Zwischenfall mit jemandem darüber sprechen können, hat sich die Gefahr, daß sie in eine Falle geraten, bereits deutlich verringert. Die vierjährige Mary wurde sexuell belästigt, während sie mit ihren älteren Brüdern und zwei anderen Jugendlichen spielte und die Eltern für eine Stunde außer Haus waren. Als sie zurückkamen, erzählte sie ihrer Mutter sofort, einer der Jungen habe sie angefaßt und ihr gesagt, sie dürfe niemandem davon erzählen. Die Eltern konnten jetzt geeignete Maßnahmen ergreifen. Mary fühlte sich in keiner Weise verantwortlich, wenn sie es aber nicht gewagt hätte, darüber zu sprechen, hätte sich die Tat sicherlich wiederholt, und es ist gut möglich, daß sie dann ein Gefühl der Mitschuld entwickelt hätte. Mary konnte darüber sprechen, weil sie eine offene und vertrauensvolle Beziehung zu ihrer Mutter hatte. Sie fand es richtig, ihr davon zu erzählen, und vertraute auch darauf, daß ihre Mutter ihr trotz der Warnungen des älteren Jungen wirksam helfen würde.

Kinder, die offen dazu angehalten werden, zu Hause davon zu erzählen, falls es zu unangemessenem Körperkontakt mit Erwachsenen kommen sollte, müssen unbedingt wissen, daß sie dem Menschen, den sie »verraten« werden, nicht vorher davon erzählen dürfen. Das könnte sie in große Gefahr bringen.

Und selbst unter allergünstigsten Bedingungen dürfen wir uns nicht einfach darauf verlassen, daß Mädchen und Jungen uns informieren oder sich selbst schützen. Eltern und Mitmenschen müssen die Augen offenhalten.

Bestimmte Verhaltensmuster oder Symptome bei Kindern sollten uns stutzig machen. Mißbrauchte Kinder neigen häufig dazu, sich zurückzuziehen oder zu verschließen. Oft haben sie relativ wenige Beziehungen zu anderen Mädchen und Jungen ihrer Altersgruppe. Wenn sie unter Streß stehen, hören sie vielleicht plötzlich auf zu atmen, verlieren das Bewußtsein oder reagieren hysterisch. Vielleicht zeigen sie auch ein für ihr Alter ungewöhnliches Sexualverhalten oder deuten es an, benehmen sich aggressiv oder gewalttätig, sitzen irgendwo herum, schaukeln vor sich hin und lutschen dabei am Daumen, oder sie benehmen sich besonders frühreif. Möglicherweise lassen die Leistungen in der Schule und die Konzentrationsfähigkeit nach. Einige der Opfer haben Angst, allein zu bleiben, und ihr Eß- und Schlafrhythmus ist gestört. Kinder, die zu Hause oder in der Nachbarschaft mißbraucht werden, suchen vielleicht Schutz in der Schule, gehen nach dem Unterricht nur widerstrebend nach Hause oder kommen morgens regelmäßig zu früh, während ein Kind, das in der Schule mißbraucht wird, sich womöglich genau entgegengesetzt verhält. Vielleicht sind auch körperliche Symptome zu erkennen: Jucken, Wundsein oder Verletzungen im Genital- oder Rektalbereich, unerklärliche Blutungen oder Entzündungen, das Vorhandensein von Fremdkörpern (kleine Kinder führen sich manchmal selbst Gegenstände ein, weil sie es so gelernt haben), andere körperliche Verletzungen, häufige Infektion der Harnwege, Bettnässen tagsüber oder nachts, Geschlechtskrankheiten und natürlich eine Schwangerschaft.

LehrerInnen und Menschen aus anderen sozialen Berufen können oft besonders gut beobachten, wie Kinder sich verhalten, und sind schon von Amts wegen verpflichtet, Maßnahmen zum Wohle des Kindes zu ergreifen.[31]

Aber auch Eltern, Verwandte, Nachbarn und FreundInnen der Familie sind aufgefordert, die zunehmende Lustlosigkeit, das sinkende Selbstwertgefühl oder das geänderte Verhalten eines Kindes zu hinterfragen.

Auch das Verhalten des Täters kann uns auf einen Kindesmißbrauch aufmerksam machen, obwohl Täter ihre Spuren meist sehr gut verwischen. Ein Magazin für Pädophile in England weist darauf hin, daß sich der Kontakt zu Kindern am leichtesten an Orten oder bei Aktivitäten herstellen läßt, die »euch beide interessieren, zum Beispiel in Spielhallen; Kinder merken, ob du dort herumläufst, weil du Sex suchst oder weil du spielst. Das gleiche gilt für Sport und Sportveranstaltungen. Kinder lernst du überall dort kennen, wo du gerne hingehst, und vor allen Dingen hast du dann auch das Recht, dort zu sein. Deine Nachbarschaft zum Beispiel: Du hast das Recht, dort herumzulaufen, mit den Leuten zu sprechen und herauszufinden, wer sie sind.« Weiter heißt es: »Es ist auch immer gut, die Eltern kennenzulernen. Vielleicht kannst du babysitten oder mit den Kindern irgendwo hingehen, wo sie gerne hinmöchten.«

Wenn ein Mann über ein Kind den Kontakt zu einer Familie herstellt, sollte uns das mißtrauisch machen. Das gleiche gilt für jeden, der seine Zeit mit Kindern verbringt oder bestrebt ist, mit ihnen allein zu sein, ohne einen sehr guten Grund dafür zu haben, oder der sich ungewöhnlich für Kinder interessiert. Und es gilt auch für ältere Jungen und Jugendliche. Es werden immer mehr Straftaten angezeigt, die ältere Kinder begangen haben.

Männer, die Kinder einladen, sie zu Hause zu besuchen – auch in Gruppen – sollten uns argwöhnisch machen.

Ohne paranoid zu werden, sollten wir auch auf Verwandte, Freunde der Familie und Bekannte achten, die regelmäßig Gelegenheit suchen, mit den Kindern allein zu sein, und – noch wichtiger – darauf achten, wie die Kinder sich ihnen gegenüber verhalten. Wie sehen sie einem Besuch dieses Menschen entgegen? Wie verhalten sie sich in seiner Gegenwart und wie, wenn er gegangen ist? Vielleicht graut dem Kind vor Onkel Georgs Besuch, aber es hat niemanden, mit dem es darüber reden könnte. Und möglicherweise hat auch die Mutter bereits ein ungutes Gefühl, was Georg angeht, weiß aber nicht so recht, warum. Er besucht die Familie regelmäßig und »spinnt ein bißchen, wie er sich mit den Kindern anstellt«. Die Beziehung geht vielleicht über ein zweideutiges, spielerisches Flirten nicht hinaus, sie kann sich aber auch, wenn niemand einschreitet, zu einem konkreten sexuellen Verhältnis entwickeln. Seine Vertrauensstellung und die Tatsache, daß ihm niemand so etwas zutrauen würde, dienen dem Täter als Schutz.

Manche Männer schieben medizinische Gründe vor, um im Rahmen der Familie den Genitalbereich von Kindern anfassen zu können, sie verarzten vielleicht wunde Stellen mit einer Salbe. Sobald ein Mädchen oder ein Junge sich selbst waschen kann, gibt es keinen Grund mehr, sie/ihn auf solche Weise zu berühren.

Andere Täter sammeln Kinderpornographie oder Kinder-Erotika. Mit der Zeit gewinnt die Sammlung an Bedeutung, auch für ihre sexuellen Phantasien. Sie masturbieren zu Bildern von Kindern in Zeitschriften, auf Fotos oder in Videos und zu Phantasien früherer Straftaten und geraten in einen Teufelskreis, der irgendwann dazu führt, daß sie ein Kind sexuell mißbrauchen. Sie sammeln Bücher, Artikel aus Zeitschriften, Zeitungen, Fotos, Dias, Filme, Zeichnungen, Kassetten, Audiokassetten, Videokassetten, private Briefe, Tagebücher, Kleidung, Andenken, Spielzeug, Spiele, Bilder. Im Gefängnis benutzen sie oft Urlaubskataloge und Naturisten-Zeitschriften wegen der Photographien von Kindern, die darin enthalten sind. Einige haben sich auch schon Kataloge für werdende Mütter zunutze gemacht.

Ein Kindesmißbraucher photographiert vielleicht selber Kinder, die er nicht kennt, am Strand, am Swimmingpool, bei Schönheitswettbewerben, im Park oder bei öffentlichen Veranstaltungen im Freien. Meist benutzt er Tricks, Geschenke oder seine Verführungskünste, um die Bilder zu bekommen, die er möchte. Er läßt Kinder oder ihre Eltern glauben, es könne sich daraus eine Arbeit als Modell oder beim Film ergeben. In einer Zeitschrift war kürzlich inseriert: »Können Sie sich Ihr Kind als Modell vorstellen? Schicken Sie uns drei Photos von Ihrem Kind: eins in Regenbekleidung, eins in gepflegter Garderobe und eins in Nachtwäsche.« War das die Anzeige eines Pädophilen oder nur die echte Suche nach einem Modell?

Es gibt Kindesmißbraucher, die Informationen über sexuellen Mißbrauch und Sexualerziehung sammeln, Bilder von Kindern aus der Zeitung ausschneiden und sie in Alben kleben. Sie nehmen Kindersendungen auf Video auf und schneiden einige davon zusammen, zum Beispiel Sexualkunde und eine Schulsendung für Kinder oder Gymnastik für Kinder und *Grange Hill*.[32] Nicht jeder Kindesmißbraucher sammelt Kinder-Pornographie, aber ein Mann, der diese Art von Pornographie besitzt oder sammelt, ist vermutlich pädophil und mißbraucht wahrscheinlich auch Kinder.

Dieses Sammeln kann ebenso zwanghaft sein wie die Phantasien der Männer. Es ist auch möglich, daß sie Mädchen und Jungen das Material zeigen, um deren Hemmungen abzubauen. Wenn ein Mann ganze Alben mit Kinderphotos besitzt oder ständig ein Kinderphoto in seiner Brieftasche mit sich führt, und das Kind oder die Kinder gehen ihn im Grunde gar nichts an, dann kann das bedeuten, daß er ein sexuelles Interesse an Kindern hat.

Aufgrund der Heimtücke, mit der sexueller Kindesmißbrauch abläuft, sind Eltern leicht versucht, Verdacht zu schöpfen, sobald ein Mann ihre Kinder nur freundlich ansieht. Väter wissen selbst nicht mehr, was in ihrer Beziehung zu ihren Kindern normal oder abnormal ist. Ist es falsch, wenn ein Vater zu Hause nackt herumläuft, sein Kind badet, mit dem Kind zusammen in der Badewanne sitzt? Es ist wichtig, daß Männer liebevoller mit ihren Kindern umgehen. Sie müssen mehr Zeit mit ihnen verbringen, und nicht weniger. Männer, die mit ihrem Verhältnis zu Kindern Probleme haben, erkennen das an ihren Phantasien und an den Gedanken, die ihnen bezüglich der Kinder durch den Kopf gehen. Jeder leichte Druck auf den Penis kann eine kleine Erektion hervorrufen. Ein Mann, dem das passiert, während er seine Tochter auf dem Schoß hat, ist noch lange kein Mißbraucher. Wenn er sie auf seinem Schoß behält, um sich weiter zu erregen, oder sie nur deswegen auf den Schoß nimmt, ist das etwas anderes.

Findet der Mißbrauch innerhalb der Familie statt, wissen die Frauen oder Partnerinnen der Täter oft tatsächlich nicht, was da vor ihrer Nase abläuft. Andere haben ein ungutes Gefühl, wissen aber nicht, was sie machen sollen, oder wollen die Wahrheit nicht sehen. Sie haben Angst, die Familie zu zerstören, fürchten, der Partner könnte wütend werden und sie schlagen, sie sind wirtschaftlich vom Täter abhängig oder stellen sich vor, wie es sie öffentlich bloßstellen würde, ihren Partner wegen einer solchen Sache anzuzeigen. Es gibt auch Frauen – fast alle wurden sie selbst als Kinder mißbraucht –, die eine aktive Rolle spielen und ihr Kind dem Partner zuführen, und es gibt Frauen, die selbst Kinder mißbrauchen.[33]

Wenn Mütter Angst haben, eine solche Tat anzuzeigen, wird es Zeit, daß die Gesellschaft und vor allem die zuständigen Institutionen sich überlegen, wie sie glaubwürdiger gegen sexuellen Kindesmißbrauch in der Familie vorgehen können. Noch gelingt es Kindesmißbrauchern allzu oft, Partnerinnen und Kinder von der Sinnlosigkeit einer Anzeige zu überzeugen und sie zum Schweigen zu bringen. Sie brauchen nur auf Zeitungsartikel zu verweisen, um ihnen klarzumachen, daß das Kind in den Händen der Fürsorge vom Regen in die Traufe geraten kann.

So böswillig eine solche Argumentation auch ist, es ist oft genug vorgekommen, daß Fürsorgemaßnahmen zu erneutem Mißbrauch geführt haben. Sexueller Kindesmißbrauch behaftet seine Opfer mit einem schlimmen Fluch. Liz, die wir oben schon einmal erwähnt haben, hatte ihren Mißbrauch als Kind ungewöhnlich gut verkraftet. Als junge Erwachsene war sie außerdem rechtzeitig und erfolgreich in psychotherapeutischer Behandlung. Trotzdem hat sie inzwischen zwei gescheiterte Ehen hinter sich, und auch heute noch verbraucht sie ungeheuer viel Energie, um in ihren Beziehungen, sogar im Umgang mit ihren Kindern, Nähe zulassen zu können, weil sie fühlt, daß sie anderen Menschen sonst wehtut und schadet. »Ich merke oft, wie ich im zweiten Gang lebe. Ich gebe selten Gas...«, sagt sie. »Gefühle laufen bei mir gar nicht. Ich habe mein Leben lang im Glaskasten gesessen. Ich kann alles sehen, was da draußen ist, aber ich kann nicht 'raus und komm' da nicht dran.«

Wenn Kindesmißbrauch – auch sexueller Kindesmißbrauch – nicht effektiv gestoppt wird, sind die Konsequenzen nicht nur für das Kind und diese eine Familie tragisch. Die Kosten für die Gesellschaft lassen sich gar nicht ermessen. Dazu gehören die Leben der destruktiven Persönlichkeiten ebenso wie die Leben ihrer zerstörten Opfer und die vielen Menschen, die ihr volles Potential niemals ausleben können. Die meisten Mißbrauchsopfer müssen sich mit einem geringen Selbstwertgefühl begnügen und haben Probleme, Beziehungen herzustellen und aufrechtzuerhalten. Eine Untersuchung verurteilter sadistischer Vergewaltiger hat gezeigt, daß 75 Prozent als Kind mißbraucht worden waren. Bei Vergewaltigern jeder Kategorie gibt es zumindest ein paar, die in ihrer Kindheit sexuell mißbraucht worden sind. Jungen, die sexuell mißbraucht werden, integrieren dieses Verhalten oft in ihre eigene Sexualität. Sie können selbst zu Tätern werden. Es muß an dieser Stelle aber auch klar gesagt werden, daß viele das nicht tun. Mädchen, die mißbraucht werden, reagieren anders. Ihr Selbstwertgefühl schwindet, Schuldgefühle werden verinnerlicht, und das Mädchen oder die Frau entwickelt ein Muster, ein Drehbuch, das sich durch ihr ganzes Leben zieht. Dadurch wird das negative Bild, das sie von sich hat, weiter verstärkt und es läßt sie völlig ungeeignete Partner wählen. Und damit ist der Teufelkreis komplett.

FÜNF

Obszöne Anrufe

Frauen werden nicht nur vergewaltigt, sondern auch auf vielfältige andere Weise belästigt und mißbraucht. Männer entblößen ihre Geschlechtsteile vor ihnen, drängen sich von hinten an sie heran und reiben ihren Penis an ihnen, sie nötigen sie, belästigen sie am Arbeitsplatz und mit obszönen Anrufen.

Gewöhnlich gelten solche Delikte als weniger gefährlich als eine Vergewaltigung, sie haben aber oft schlimme Konsequenzen. Außerdem stehen die Männer, die sie begehen, vielleicht am Anfang einer Sexualverbrecherkarriere, die bei Vergewaltigung und sogar Mord enden kann. John Cannans erste bekannte Straftat war der Überfall auf eine Frau in einer Telefonzelle in Sutton Coldfield.

Obszöne Anrufe versetzen Frauen in Angst umd Schrecken. Manche Frauen beschreiben sie als »innerliche Vergewaltigung«, manche sogar als ebenso schlimm wie eine physische Vergewaltigung. Es gibt Frauen, die umziehen mußten, nachdem sie von solchen Anrufen terrorisiert worden waren.

Lynn Ferguson hat für *Dispatches*, eine Reportage-Reihe von *Channel Four*, einen Fernsehfilm zu diesem Thema gedreht. Sie nannte ihn »*The Most Neglected Crime*« (etwa: Das Verbrechen, das wir unter den Tisch gekehrt haben). Im Rahmen der Untersuchungen zu diesem Film wurde das Gallup-Institut mit einer Meinungsumfrage beauftragt.

Das wohl bemerkenswerteste und alarmierendste Ergebnis, zu dem der Film kam, war, daß obszöne Anrufe in Großbritannien die häufigste Straftat darstellen, daß jedoch relativ selten Anzeige erstattet wird (nur 25 Prozent der Opfer erstatten eine Anzeige bei der Polizei). Jedes Jahr bekommen fast zweieinhalb Millionen Frauen (jede zehnte) mindestens einen obszönen Anruf, die meisten mehrere.

Der Film zeigte auch, daß zwischen der Haltung der Öffentlichkeit gegenüber solchen Anrufen und der des Opfers, das sie extrem ernst nimmt, eine große Diskrepanz besteht. In der Regel bewerten die Opfer Verbrechen, auch Vergewaltigung, nicht so schwer wie Leute, die so etwas noch nie erlebt haben. Manchmal stimmen beide Gruppen in ihrer Bewertung überein. Nur bei obszönen Anrufen empfinden die Opfer die Tat als viel ernster als Außenstehende.

»Ich betrachte das ganz klar als einen Hilfeschrei der Opfer solcher Anrufe. Die Öffentlichkeit und die Gerichte müssen dieses Delikt viel ernster nehmen«, sagt Lynn Ferguson. Vor dem Gesetz sieht es so aus, daß dieses Delikt keine Strafverfolgung begründet und lediglich mit einer Geldbuße von höchstens 400 Pfund geahndet werden kann. Und Klägerin ist nicht einmal die angerufene Frau, sondern die Telefongesellschaft.[34]

Die Vorstellung vom Telefon als Mittel sexueller Kontaktaufnahme mit einer oder einem Unbekannten wird auch kommerziell genutzt. Beim Telefon-Sex werden Frauen dafür bezahlt, daß sie mit dem Anrufer obszöne Gespräche führen, und es gibt Tonbänder, auf denen der Anrufer sich simulierten Sex oder obszönes Gerede (»*sexy talk*«) anhören kann.

Solche Unternehmen sind in vielfacher Weise schädlich. Sie bestätigen die verdrehten Vorstellungen, mit denen Vergewaltiger und obszöne Anrufer ihre Taten rechtfertigen: daß Frauen so etwas mögen. Manche Männer steigen auf obszöne Anrufe um, weil sie billiger sind. Und es stimmt nicht, daß Telefon-Sex therapeutische Wirkung hat und dazu dient, Straftaten zu verhindern. Viele obszöne Anrufer berichten, daß sie auch Erfahrung mit Telefon-Sex hatten. Die Tonbänder sind vielleicht noch gefährlicher: Hier müssen die Männer deutlich erhöhte Telefongebühren zahlen, und die Aufnahmen sind so aufgebaut, daß Männer so lange wie möglich dabeibleiben. Und es vergehen teure Minuten mit Warnungen vor der Deutlichkeit dessen, was erwartet werden darf.

Frauen, die obszöne Anrufe erhalten, fragen sich oft, ob sie bewußt ausgewählt worden sind oder vielleicht etwas getan haben, was den Anrufer auf sie hat aufmerksam werden lassen.

Viele Anrufer entnehmen die Telefonnummern willkürlich entweder dem Telefonbuch oder anderen Quellen. Ein Mann hat acht Jahre lang immer dieselben Nummern dreimal pro Woche angerufen. Andere rufen einige hundert im Laufe eines Jahres an. Jimmy sucht sich seine Nummern an den schwarzen Brettern der Supermärkte oder in den Kleinanzeigen der Zeitung. Er ruft überall dort an, wo jemand Kleidung verkaufen will. Antwortet eine Frau, erkundigt er sich nach den Kleidern, fragt aber anschließend, ob sie auch Unterwäsche zu verkaufen hat. Manche Männer rufen in Firmen an und lassen sich mit Sekretärinnen verbinden. Manche suchen sich die Namen aus Zeitungsartikeln und erfragen die Nummer dann bei der Auskunft. Ein Mann sucht sich Verkäuferinnen aus und schaut dann im Telefonbuch nach den Nummern der Geschäfte. Und manche Männer rufen Frauen an, die sie kennen.

Der Kriminologe Ken Pease vom Fachbereich Wirtschafts- und Sozialpolitik der Universität Manchester führte 1984 eine Untersuchung über obszöne Anrufe durch. Er zog aus den britischen Kriminalstatistiken den Schluß, daß mindestens 50 Prozent der Opfer obszöner Anrufe dem Täter bekannt sind. Die meisten Opfer stellt die Gruppe lediger, geschiedener oder getrennt lebender Frauen jungen und mittleren Alters.

Es gibt eine Vielzahl von Gründen, warum Männer obszöne Anrufe machen. Es ist Teil ihrer sexuellen Phantasien. Sie masturbieren während des Telefonats oder danach. Sie wollen sich einen Scherz erlauben, sich amüsieren. Es gibt andere, die es aus den gleichen Gründen tun wie ein zorniger Vergewaltiger: um ihre aufgestauten Gefühle loszuwerden, indem sie eine Frau beschimpfen und beleidigen, oder um sich zu rächen. Manche wollen Macht ausüben und einen anderen Menschen ihrem Willen unterwerfen. Und wieder andere haben einfach Angst, direkten Kontakt aufzunehmen, oder fühlen sich einsam. Es gibt auch Männer, die mehrere Motive gleichzeitig haben.

Im *Dispatches*-Film wurden 100 obszöne Anrufer befragt, die sich auf eine Anzeige in *Sunday Sports*, einer Sportzeitung, gemeldet hatten. Sie erklärten ihre Handlungsweise unter anderem damit, daß sie Beziehungsprobleme hatten, daß sie sich nicht als gutaussehend empfanden oder daß sie sich generell an Frauen rächen wollten. Manche sagten, sie hätten Angst gehabt anzurufen.

Unterschiedliche Motive erzeugen unterschiedliche Anrufe. Ein Freund, der aus Spaß anruft und mit komischer oder verstellter Stimme spricht, ruft normalerweise nicht zu nachtschlafender Zeit an, und er paßt auch auf, daß genug beruhigende Signale herüberkommen, damit die Frau keine Angst bekommt. Sinn der Anrufs ist schließlich gemeinsamer Spaß. Der Spaßvogel, der Fremde anruft, um sich zu amüsieren, und dabei meist auf gut Glück irgendeine Nummer wählt, denkt gar nicht über den Menschen nach, den er anruft. Er benutzt ihn oder sie, um sich zu amüsieren und sich lustig zu machen. Auch wenn es vielleicht nicht beabsichtigt ist, verursachen solche Anrufe Angst und sind nicht sehr weit von absichtlichem Telefonterror entfernt. Es gibt auch obszöne Anrufer, die zunächst den Spaßvogel mimen, um die wahre Natur ihres Anrufs vor sich selbst und vor der Frau am anderen Ende der Leitung zu verbergen.

Eine Frau, die einen obszönen Anruf bekommt, wird sich natürlich fragen, ob der Anrufer weiß, wo sie wohnt, und dort hinkommen wird oder ob er ihre Nummer aus Versehen oder zufällig gewählt hat. Manche Anrufer fördern diese Verwirrung bewußt. Sie versuchen, die Angst der Frau zu nutzen, um Macht auszuüben und sie ihrem Willen zu unterwerfen. Der Anrufer sagt: »Ich weiß, wer Sie sind.« Er droht mit sexuellem Mißbrauch, mit Körperverletzung, er will die Kinder entführen oder er kommt »heute Nacht«. Er beschreibt – oder tut wenigstens so – einen Gegenstand in dem Raum, in dem die Frau sich aufhält. Und damit bringt er sie dazu, mit ihm zu sprechen, denn sie will herausfinden, was er weiß und was nicht. Je länger der Anruf dauert, desto stärker hat der Anrufer das Gefühl, die Frau im Griff zu haben. Ein junger Mann, der verhaftet wurde, weil er in den Midlands eine Frau vergewaltigt hatte, hatte sechs Monate vorher angefangen, Frauen und Kinder anzurufen und ihnen zu sagen, daß er sie umbringen würde. Er wollte ihnen vor allem Angst einjagen. Er war im Rahmen eines Teufelskults sexuell mißbraucht worden, und er mußte jemandem Angst einjagen, um sexuelle Erregung zu spüren.

Wenn das Motiv des Anrufers Zorn ist, droht er vermutlich mit körperlicher Gewalt, eventuell auch mit sexueller Gewalt. Von 22.000 obszönen Anrufen, die jeden Tag in Großbritannien getätigt werden, droht der Anrufer bei 3.000 mit brutaler Gewalt. Männer, die heftig atmen oder sich still verhalten, wollen nur, daß ihr Gegenüber ängstlich reagiert. Anrufe, die sofort deutlich sexuellen Charakter tragen, sind in der Regel nicht sehr effektiv, weil die Teilnehmerin garantiert sofort den Hörer wieder auflegt.

Die meisten Leute, die obszöne Anrufe tätigen, benutzen einen Trick, damit die Frau Vertrauen gewinnt und sich in ein Gespräch verwickeln läßt. Sie tun, als riefen sie im Auftrag einer Zeitung oder einer Werbeagentur an und machten eine Umfrage, vielleicht zum Thema Unterwäsche oder Sexualität, irgend etwas, das sie täuscht, festhält und Gelegenheit für versteckte Anspielungen und Zweideutigkeiten bietet. Umfragen geben dem Anrufer Gelegenheit, Informationen über die Person zu sammeln, mit der er spricht. In einem späteren Anruf verwertet er sie dann vielleicht.

Es gibt Anrufer, die bekennen, daß sie sexuelle Probleme haben, und behaupten, sie bedürften dringend einer Beratung. Sie sagen, daß sie Beziehungsprobleme haben, und bitten die angerufene Frau, eine völlig Fremde, die ihnen ja niemals wieder über den Weg laufen wird, ihnen einen Rat zu geben. Häufig tun Anrufer auch, als stellten sie polizeiliche Ermittlungen an. Ein Paar arbeitete zusammen: Sie rief an, gab sich als Polizistin aus und warnte vor einem Mann, der obszöne Anrufe mache und sich dabei gezielt durch das Telefonbuch arbeite. »Wenn er Sie anruft«, bat sie, »würden Sie ihn dann bitte in ein Gespräch verwickeln, damit wir Zeit haben, herauszufinden, woher der Anruft kommt?« Und dann hatten die beiden sexuellen Verkehr miteinander, während der Mann den obszönen Anruf machte. Andere Anrufer arbeiten mit Drohungen, um Frauen und Kinder am Telefon zu halten: Sie bedrohen sie selbst oder Menschen, die ihnen nahestehen.

Angus ruft nur Frauen in Friseursalons an. Er hat herausgefunden, daß sie am Telefon bleiben: Sie rufen ihre Kolleginnen dazu, damit sie ebenfalls mithören. Im Grunde wollen obszöne Anrufer das Gefühl haben, in irgendeiner Weise voranzukommen, sei es nun primär sexuell oder in Verbindung mit Angst und Macht. Sie möchten sagen können, was sie mit der Frau am anderen Ende tun werden und was sie mit ihnen machen soll. Viele wünschen sich, daß die Frau Interesse zeigen, »unanständige Sachen« sagen und die Erwartungen aus ihrer Phantasie bestätigen soll.

Der schlimmste Dämpfer für die obszönen Anrufer ist das Ausbleiben einer Reaktion, entweder durch Stille oder das ebenso wortkarge Auflegen des Hörers. Es blockiert sie auch, wenn ein Mann den Anruf beantwortet oder sie den Eindruck haben, es sei noch jemand in der Leitung.

Viele Anrufer probieren einfach die nächste Nummer, wenn sie keine Antwort erhalten. Die meisten telefonieren lieber von zu Hause oder von ihrem Arbeitsplatz aus als aus einer ungemütlichen Telefonzelle, vermutlich weil sie mehrere, vielleicht sogar viele Nummern anwählen müssen, und die meisten führen Ortsgespräche. Viele Frauen legen tatsächlich auf. Ein Anrufer erzählte, bei Hunderten von Anrufen sei es ihm nur ein- oder zweimal gelungen, Frauen in ein schlüpfriges Gespräch zu verwickeln.

Trotz der hohen Zahl von Abweisungen beharren die Anrufer auf der Vorstellung, solche Anrufe machten Frauen nichts aus, sie freuten sich im Gegenteil darüber. Manche behaupten, sie böten den Frauen Aufregung und Abenteuer. »Das schadet den Frauen nicht«, »Manche Frauen haben vielleicht Probleme damit, aber die meisten finden es gut«, »Wo ist das Problem? Die Frau kann ja auflegen, wenn sie will«, »Ich glaube, meine Anrufe machen die Frauen scharf«, »Wer soll denn davon Angst bekommen? Das ist doch bloß Spaß.« Angus behauptet, die Belegschaft des Friseursalons betrachte seine Anrufe als Spaß, und sie machten ihnen deshalb auch nichts aus. Sein Bedürfnis, sein Verhalten zu rechtfertigen, läßt ihn nicht erkennen, daß es eine Überlebensstrategie ist, wenn jemand eine bedrohliche Situation als Witz betrachtet. Wenn eine Frau einen Täter in ein Gespräch verwickelt, um mehr über ihn herauszufinden, betrachtet der Anrufer das fast immer als Beweis dafür, daß sie bereitwillig mitspielt. Manche Männer zeigen sich betroffen bei der Vorstellung, sie könnten Frauen beunruhigen, und behaupten, sie beendeten den Anruf, wenn die Frau ängstlich klinge. »Meine Anrufe sind unverschämt, aber nett. Ich fände es schrecklich, eine Frau zu bedrohen«, »Ich hab mir nie überlegt, ich könnte den Frauen Angst machen«, »Ich hab noch nie jemanden bedroht.«

Männer, die eine bestimmte Frau immer wieder anrufen, sind vor allem daran interessiert, sie ihrem Willen zu unterwerfen und zu ängstigen. Tatsächlich scheinen nur sehr wenige Anrufer die Drohungen wahr zu machen, die sie am Telefon ausstoßen – wenigstens nicht mit der Frau, mit der sie telefonieren.

Anscheinend ist das kommentarlose Auflegen des Hörers die beste Methode, um obszöne Anrufer loszuwerden. Aber wie bei der Vergewaltigung ist auch hier die Reaktion die beste, die der Frau am ehesten das Gefühl gibt, die Situation im Griff zu haben. Fühlt sie sich hilflos und ängstlich, wenn sie einfach nur den Hörer auflegt, findet sie sicher eine bessere Möglichkeit, mit einem Anruf dieser Art fertig zu werden.

Auch was die strafrechtliche Seite angeht, wird es höchste Zeit, daß die Bedeutung dieses Delikts neu gewürdigt wird und die ausgesprochenen Urteile in einem angemessenen Verhältnis zu der Tragweite stehen, die die Opfer dieser Tat beimessen. Und Menschen, die wegen solcher Anrufe verurteilt werden, sollten gleichzeitig von geeigneten Fachleuten befragt werden, damit festgestellt werden kann, ob ihr Delikt Teil eines breiter angelegten Mißbrauchsmusters oder einer generellen Bereitschaft zu destruktivem Verhalten darstellt.

Die mangelnde Bedeutung, die obszönen Anrufen beigemessen wird, spiegelt sich darin wider, daß Opfer zahlen müssen, wenn sie eine andere Nummer oder eine Geheimnummer haben wollen oder nur über eine Vermittlungsstelle erreichbar sein möchten.[35] Im Grunde bezahlen die Empfängerinnen obszöner Anrufe für die Delikte, die gegen sie verübt werden, ebenso wie für Trägheit und Untätigkeit von Polizei und Telefongesellschaft.

Ken Pease, der ebenso wie der Autor beratend bei der Entstehung von Lynn Fergusons Film tätig war, beschreibt obszöne Anrufe als ein Delikt, das technisch lösbar ist. Dank digitaler Schaltungen lassen sich Anrufe leicht zurückverfolgen. Es ist auch möglich, alle Anrufe detailliert aufzulisten, in manchen Gegenden ist es bereits üblich.[36] Ken Pease hält es für Pflicht und Aufgabe der Kommunikationsunternehmen, Delikten entgegenzutreten, die durch die Telefontechnologie erst entstanden sind. Telefongesellschaften könnten nicht nur obszöne Anrufe bereitwilliger zurückverfolgen, sie könnten den TeilnehmerInnen auch für eine gewisse Zeit Apparate mit integriertem Anrufbeantworter zur Verfügung stellen, damit die Stimme vor Gericht leichter identifiziert werden kann. In Netzen, in denen Anrufe aufgezeichnet werden, ist es gar kein Problem, jemandem für einen bestimmten Tag eine Liste aller ausgehenden und aller eingehenden Anrufe mit dem Nummern der Apparate zu geben. Wir sollten die Telefongesellschaften unter Druck setzen, damit sie sich auf ihre Verantwortung besinnen.

Der *Dispatches*-Film machte deutlich, daß weder *British Telecom* noch die Polizei tätig werden. *Telecom* weigert sich, ohne Anordnung der Polizei Anrufe zurückzuverfolgen, und die Polizei hat kein Interesse daran, obszönen Anrufen die nötige Dringlichkeit zuzubilligen, damit eine Fangschaltung eingerichtet werden könnte.[37]

Während Lynn Ferguson an ihrem Film arbeitete, wurde sie einem Polizisten von dessen Kollegen mit den Worten vorgestellt, sie sei die Journalistin, die nach Informationen über obszöne Anrufe suche. »Oh, möchten Sie auch welche?« fragte sie der Beamte. Es scheint, daß Frauen nicht nur von den Anrufern zu Opfern gemacht werden, sondern vor allem durch die männliche Interpretation einer Straftat, bei der die Täter fast ausschließlich Männer sind und die sich fast ausschließlich gegen Frauen richtet.

SECHS

Öffentlichkeit, Ermittlungsbehörden, Medien

Vergewaltigung und sexueller Mißbrauch an Frauen, Mädchen und Jungen finden im Umfeld einer Gesellschaft statt, die bestimmte Ansichten vertritt und auf eine bestimmte Art und Weise mit solchen Delikten umgeht. In modernen Wettbewerbsgesellschaften ist Nachdenklichkeit keine besonders geschätzte Eigenschaft, und wir haben kein großes Interesse daran zu verstehen, warum manche Männer zu Vergewaltigern werden, auch wenn uns das helfen könnte, Präventivmaßnahmen zu ergreifen.

Die Reaktionen der Gesellschaft auf Vergewaltigung reichen von Belustigung bis zum Ruf nach Vergeltungsmaßnahmen, vor allem, wenn gerade ein konkreter Fall im Gespräch ist. Ersteres dient einigen Vergewaltigern zur Rechtfertigung ihrer Taten, eine Bestrafung ohne gleichzeitige Behandlungsmaßnahmen bestärkt die Männer andererseits nur in ihrem brutalen Verhalten Frauen gegenüber. Wir müssen unsere Haltung und unsere Bewertungskriterien grundlegend ändern, sowohl was Vergewaltigung und andere Sexualstraftaten angeht, als auch hinsichtlich der Behandlung von Opfern und Tätern.

Indem wir Initiativen beitreten, Gruppen und Einrichtungen für vergewaltigte und mißbrauchte Frauen und Kinder unterstützen, an Zeitungen und Abgeordnete schreiben und Arbeitskreise und öffentliche Informationsveranstaltungen organisieren, können wir als einzelne und in Gruppen Druck ausüben und dafür sorgen, daß eine solche Reform tatsächlich durchgeführt wird.

Besonders wichtig sind folgende Bereiche:
- die Unterstützung für Vergewaltigungs-Überlebende
- die Rechtsfolgen für die Täter
- die Behandlung der Täter
- bessere soziale Maßnahmen zur Unterstützung anfälliger Gruppen wie z. B. Familien mit alleinerziehenden Müttern
- die Haltung von Öffentlichkeit, Medien und Gerichten gegenüber Sexualstraftaten.

Die Unterstützung für Vergewaltigungs-Überlebende

1988 wurden in England, Schottland und Wales 2.855 Vergewaltigungen gemeldet, im Vergleich zum Vorjahr eine Steigerung um 16 Prozent. Es ist müßig, darüber zu spekulieren, ob das auf einen Anstieg der Anzeigen- oder der Verbrechenshäufigkeit zurückzuführen ist. Tatsache ist, daß die meisten Überlebenden immer noch versuchen, allein mit den Konsequenzen dieses quälenden und bedrohlichen Erlebnisses fertig zu werden.

Die Isolation der Überlebenden einer Vergewaltigung verstärkt in den meisten Fällen den emotionalen und psychologischen Schaden, den sie erlitten hat. Bei männlichen Kindern, die vergewaltigt oder mißbraucht worden sind, kann diese Isolation – so unvorstellbar es auch scheint – zu einer Perpetuierung dieser Form der Gewalttätigkeit führen. Es muß klar gesagt werden, daß viele Männer, die in ihrer Kindheit mißbraucht wurden, keinesfalls zu Tätern werden. Einige der Männer, die Frauen vergewaltigen sowie Kinder sexuell mißbrauchen, wurden jedoch selber in ihrer Kindheit vergewaltigt oder mißbraucht. Für die Arbeit mit dieser Tätergruppe ist es ganz wesentlich, daß sie die Verantwortung für ihre Taten übernehmen. Wir können jedoch davon ausgehen, daß die schlimmen Konsequenzen der Gewalt, die sie erfahren haben, begrenzt worden wären, wenn sie rechtzeitig effektive Hilfe bekommen hätten, um mit diesem Erlebnis fertig zu werden.

Der Preis, den Menschen zahlen, die mißbraucht oder vergewaltigt werden, wird von der ganzen Gesellschaft getragen. Und doch scheint die Gesellschaft nicht dafür gerüstet zu sein, diese Tatsache zu erkennen und darauf zu reagieren. Ihre Haltung und die Schritte, die sie zur Strafverfolgung unternimmt, vergrößern die Isolation der Vergewaltigungsopfer nur noch.

Obwohl sich einiges getan hat, müssen sich Frauen häufig immer noch auf der Polizeiwache melden und sich medizinisch untersuchen lassen.[38]

Es spricht einiges dafür, die Überlebenden einer Vergewaltigung überhaupt nicht bei der Polizei zu vernehmen, und die Polizei sollte selbst daran interessiert sein, das zu ändern. Krankenhäuser könnten eine Alternative darstellen, sind aber oft auch nicht für ihre einfühlsame Behandlung von Patientinnen berühmt. Viele Frauen empfinden schon normale gynäkologische Untersuchungen als unsensibel und sogar unverschämt.

Ideal wären unabhängige oder freiwillige Behandlungszentren für sexuell mißbrauchte Frauen unter der Leitung von Fachleuten aus dem Gesundheits- und dem psychosozialen Bereich. Hier könnten die körperlichen Verletzungen der Überlebenden medizinisch versorgt und gleichzeitig für die polizeiliche Beweisaufnahme dokumentiert werden. Die Überlebende könnte über Schwangerschaft, »die Pille danach« und Geschlechtskrankheiten informiert werden. Eine Fachkraft könnte behördlicherseits befugt und beauftragt werden, auf ihre psychologischen Bedürfnisse einzugehen, erste Hilfestellung zu leisten und sie eventuell an andere SpezialistInnen weiterzureichen. Die Polizei könnte die Frau nach Rücksprache mit dem Team in diesem Zentrum befragen und dort auch die Beweise aufnehmen. Die Frau hätte das Gefühl von Sicherheit, Verständnis und Unterstützung. Dazu bekäme die Polizei sehr wahrscheinlich mehr Informationen als bisher und hätte auch vor Gericht eine sehr viel standfestere Zeugin. Bis eine solche Einrichtung jedoch besteht und bei allen Seiten Glaubwürdigkeit genießt, plädieren viele *Rape-Crisis*-Gruppen und Frauen-Notrufe gegen eine Einmischung von Polizei oder anderen Behörden in solchen Zentren.

Nicht nur die Polizei reagiert bei Vergewaltigung unsensibel. Es kommt vor, daß Verteidiger ihren Mandanten, die wegen Vergewaltigung in Untersuchungshaft saßen, Zugang zu den Aussagen der Opfer und anderer ZeugInnen verschafften. Solche Aussagen enthalten Einzelheiten über die Tat und über das Sexualleben des Opfers. In einigen Fällen wurden diese Unterlagen von den Beschuldigten zum Masturbieren und als Vorlage für Phantasien benutzt und sogar an Mitgefangene weitergereicht. In der Vergangenheit enthielten diese Dokumente, vor allem die medizinischen Atteste, Namen und Adresse des Vergewaltigungsopfers. Inzwischen werden in Großbritannien solche Angaben entfernt, eine Arbeit, die jedoch einzelnen Beamten zufällt und nicht immer sorgfältig erledigt wird.

Kindern, die vergewaltigt und mißbraucht worden sind, fällt es besonders schwer, in der einschüchternden Gerichtsatmosphäre und in Anwesenheit des Erwachsenen, der eine solche Macht über sie hatte, auszusagen. Inzwischen dürfen sie ihre Aussage vor Gericht über eine Video-Standleitung machen, ein Beweis dafür, daß die Arbeit der Initiativen manchmal auch erfolgreich ist.[39]

Aber solange es möglich ist, daß ein Richter, wie kürzlich geschehen, die Tatsache, daß eine Frau ihrem Mann den Geschlechtsverkehr verweigert, als mildernden Umstand für den sexuellen Mißbrauch seines Kindes anerkennt, bleibt eindeutig noch viel zu tun. Polizei und Gericht müssen aufpassen, daß sie das Verhalten der Überlebenden von Sexualverbrechen nicht falsch interpretieren. Sonst argumentieren sie genauso wie der Kindesmißbraucher, der das Mädchen/den Jungen für die Taten des Erwachsenen verantwortlich macht. Kinder, die mißbraucht worden sind, legen oft sexuelle Kenntnisse oder Verhalten an den Tag, die ihrem Alter in keiner Weise angemessen sind, was sich leicht als Mittäterschaft oder gar als Verantwortung für die Tat verkaufen läßt. Ein solches Verhalten bei Kindern beweist jedoch nicht ihre sexuelle Bereitwilligkeit, sondern die Tatsache, daß sie über eine längere Zeit mißbraucht worden sind.

Ähnlich wie Erwachsene verdrängen auch viele kindliche Opfer und spielen das Ausmaß ihres Elends herunter. Wenn sie vernommen werden, sind sie scheinbar gefaßt und ruhig und vermitteln dem unbedarften Fragesteller den Eindruck, als hätte die Tat ihnen nicht massiv geschadet. Und möglicherweise nimmt das Gericht an – was die Strafverteidiger natürlich gern unterstützen –, daß sie an dem Geschehen durchaus freiwillig beteiligt waren.

Milde Gerichtsurteile, die in keiner Weise die ungeheure Tragweite des Verbrechens widerspiegeln, das an einer Vergewaltigungs-Überlebenden verübt wurde, nehmen natürlich anderen Vergewaltigungsopfern den Mut, sich in ihrem Verlangen nach Gerechtigkeit der Qual einer Gerichtsverhandlung auszusetzen. Gleichzeitig reflektieren und zementieren solche Urteile die männliche Vorstellung, Vergewaltigung sei ein minder schweres Delikt oder etwas, das von Frauen herausgefordert wird. Um wirksam zu sein, muß die verhängte Strafe dem Verbrechen entsprechen, und sie muß gleichzeitig auch eine Behandlung des Täters gewährleisten, wenn eine Besserung im Hinblick auf sein Verhalten nach der Entlassung in die Gesellschaft erreicht werden soll.

Die Rechtsfolgen für die Täter

Es wird immer wieder der Ruf nach härteren Strafen für Vergewaltigung laut: nach langen Haftstrafen, der Wiedereinführung der Todesstrafe und sogar nach der Kastration der Täter. Es ist sicher verständlich, wenn manche Frauen Kastration für die angemessenste Strafe halten. Solche Maßnahmen würden vielleicht die öffentliche Entrüstung und die Wut der Opfer besänftigen, jedoch wenig dazu beitragen, die Vergewaltigungsrate zu senken.

Kastration funktioniert nicht. Vergewaltigung ist in erster Linie keine sexuelle Handlung, sondern eine Form von Machtmißbrauch und Gewalttätigkeit. Teilweise geben die Täter nur die Gewalt an andere weiter, die an ihnen verübt wurde. Und wenn solche Vergewaltiger kastriert werden, dringen sie mit Stöcken und anderen Gegenständen in ihre Opfer ein. In Haftanstalten werden Sexualstraftäter relativ häufig von Mitgefangenen mißbraucht, was in der Öffentlichkeit sogar manchmal Beifall findet. Es ist jedoch sehr unwahrscheinlich, daß sie dadurch von ihrem Verhalten abgebracht werden. Statt dessen dürften ihre Überfälle auf andere nach der Entlassung nur noch brutaler ausfallen.

Rechtsprechung ist eine komplizierte Materie, und es gibt eine Reihe von Aspekten, die berücksichtigt werden müssen. In den Vereinigten Staaten – wo Vergewaltigung eines der Gewaltverbrechen mit den höchsten Zuwachsraten ist – hat sich gezeigt, daß härtere Strafandrohungen die Geschworenen davon abhielten, mutmaßliche Vergewaltiger für schuldig zu erklären. In den siebziger Jahren veröffentlichte das US-Justizministerium Zahlen, aus denen hervorging, daß nur 51 Prozent der Anzeigen wegen Vergewaltigung zu einer Verhaftung führten, nur gegen 60 Prozent der verhafteten Täter ein gerichtliches Verfahren eröffnet wurde und davon fast die Hälfte freigesprochen wurde. Die Geschworenen neigten dazu, die geforderten Strafen für überzogen zu halten, und sprachen die Angeklagten lieber frei. Daraufhin wurde versucht, wieder geringere Strafen einzuführen, um die Zahl der Verurteilungen zu erhöhen.

In Großbritannien dagegen führte der Ruf nach härteren Urteilen für Gewaltverbrechen dazu, daß Strafgefangenen, die aufgrund von Gewaltverbrechen zu Haftstrafen von mehr als fünf Jahren verurteilt worden waren, nur noch in Ausnahmefällen eine Strafaussetzung eines Strafrests zur Bewährung gewährt wurde.

Die Gefahr bei einer Strafverschärfung für Vergewaltigung – vielleicht sogar bis hin zu einer lebenslangen Freiheitsstrafe – liegt darin, daß der Vergewaltiger dadurch noch mehr Grund hat, sein Opfer, im Normalfall die einzige Zeugin, die gegen ihn aussagen könnte, zu töten.

Ein anderes Problem ist die große Diskrepanz zwischen den einzelnen Urteilen, die derzeit gefällt werden. Fallstudien belegen, daß Männer mit vergleichbarer Vergangenheit, die vergleichbare Verbrechen an Frauen begangen haben, heute sowohl vierjährige als auch lebenslange Freiheitsstrafen verbüßen können. Einige wurden zu sehr kurzen Freiheitsstrafen verurteilt, eine Freiheitsstrafe sogar zur Bewährung ausgesetzt.

Manche Sexualstraftäter gehören für ihre Taten ins Gefängnis. Wenn wir sie jedoch in Haft nehmen, ohne ihnen Behandlungsmaßnahmen anzubieten, ziehen wir sie lediglich für eine Weile aus dem Verkehr und unternehmen nichts zu einer Verhinderung einer erneuten Straffälligkeit nach der Entlassung. Sie werden vielleicht im Gegenteil noch gefährlicher und haben gelernt, wie sie beim nächsten Mal einer Verhaftung entgehen können.

Verbüßen Sexualstraftäter ihre Haftstrafen gemeinsam mit anderen Strafgefangenen, ist es wenig wahrscheinlich, daß sie offen zu ihren Taten stehen. Sie werden versuchen zu verheimlichen, auf welche Weise sie straffällig geworden sind, weil sie Angst haben, ihre Mithäftlinge könnten Vergeltung üben. Sind sie unter sich und werden nicht therapeutisch behandelt, bilden sie eigene Gruppen, treffen sich vielleicht sogar regelmäßig, verstärken damit aber nur ihr Verhalten, anstatt es zu ändern. Das alte Sprichwort, daß Gefängnisse die Schulen der Kriminalität sind, gilt für Sexualstraftäter ebenso wie für alle anderen Strafgefangenen.

Die Behandlungsmöglichkeiten von Sexualstraftätern

In einer Hinsicht ähneln Sexualstraftäter Alkoholikern oder hartnäckigen Spielern: einmal Sexualstraftäter, immer potentieller Sexualstraftäter. Sie können versuchen, ihr Verhalten zu steuern, können aber nicht geheilt werden, und schon gar nicht, indem man sie für eine Weile hinter Schloß und Riegel bringt und sie anschließend auf die Gesellschaft losläßt.

Wenn ein zwanghafter Spieler in eine Gegend kommt, von der er weiß, daß da ein Kasino ist, hat er den Spielsaal plötzlich bildlich vor Augen, und er spürt, wie ihn Erregung packt. Obwohl er es sich nicht leisten kann zu spielen, nimmt er sich vor, sich ein Limit von 100 Mark zu setzen. Er beginnt, an seinen Vorsatz zu glauben, er kann das Kasino jetzt nicht nur sehen, er spürt es. Seine Erregung steigert sich immer mehr. Wenn jetzt ein Freund auf ihn zukäme und ihm sagte, daß er sich etwas vormacht, wenn er glaubt, sein Spiel limitieren zu können, würde er ihm mit solch einer Überzeugung widersprechen, daß ein Lügendetektor wahrscheinlich zu dem Schluß käme, er sage die Wahrheit.

Nachdem er gespielt und sein Geld verloren hat, entwickelt sich langsam ein neues, ebenso gestörtes Gedankengebilde. Er sagt sich, daß er das Geld zurückgewinnen wird oder eine Steuerrückzahlung erwartet, oder nimmt sich vor, an einer anderen Ecke zu sparen. Vielleicht gelobt er sich, daß dies das letzte Mal ist.

Dieser Mann muß gegen eine komplexe Kombination aus Gefühlen und gestörter Logik und gegen alle seine Sinne, die von außen angesprochen werden, ankämpfen. Er kann sie alle nur dann beliebig lange unter Kontrolle halten, wenn er sich sicher ist, daß er das will, wenn er versteht, was sie mit ihm machen, und wenn er Techniken gelernt hat, mit denen er sie steuern kann. Und genau das soll der Sexualstraftäter in der Therapie lernen. Ziel ist es, ihm genau bewußt zu machen, was er mit sich und anderen macht und was es ihn und die anderen kostet. Ziel ist es, ihn dazu zu bringen, die Verantwortung für seine Taten zu übernehmen, und ihm Techniken an die Hand zu geben, mit denen er seine Neigungen unter Kontrolle halten kann. Aber der Wille dazu muß von ihm kommen.

In Strafanstalten, in denen es kein Therapieangebot gibt, tauschen die Täter miteinander Informationen aus und entwickeln ihre sexuellen Phantasien immer weiter. Männer, die nie daran gedacht haben, bei ihren Überfällen auf Frauen Waffen oder Gegenstände zu benutzen, integrieren diese jetzt in ihre Phantasien. Viele geben zu, daß sie wieder straffällig werden, solange ihnen niemand zeigt, wie sie ihre Neigungen unter Kontrolle halten können.

In der Vergangenheit wären solche Männer – mit der Auflage, sich während ihrer Bewährungszeit regelmäßig bei ihrem Bewährungshelfer zu melden – auf Bewährung aus dem Gefängnis entlassen worden. Damit wäre ihrem Verhalten zum Zeitpunkt ihrer Entlassung in die Gesellschaft zumindest eine gewisse Beschränkung auferlegt worden. Unter den neuen Bestimmungen, die eine Strafaussetzung zur Bewährung praktisch ausschließen, hindert solche Männer nichts daran, am Tag ihrer Entlassung in der Menge zu verschwinden.

Und eine weitere Überraschung kristallisierte sich während der Therapiearbeit des Autors mit Sexualstraftätern innerhalb und außerhalb von Haftanstalten langsam heraus: die Anzahl derer, die aus eigenem Antrieb lernen wollten, wie sie sich unter Kontrolle halten können. Einige von ihnen hatten eindeutig bereits als Jugendliche nach Hilfe gesucht, aber niemanden gefunden, an den sie sich hätten wenden können.

Die Behandlung solcher Männer befindet sich noch im Experimentierstadium, aber die Zeichen sind ermutigend. Untersuchungen in den Vereinigten Staaten haben ergeben, daß 80 Prozent der Sexualstraftäter ohne Therapie nach ihrer Entlassung aus dem Gefängnis wieder straffällig werden. Von den Tätern, die an Therapie-Programmen teilgenommen haben, werden zehn bis 25 Prozent wieder straffällig, und von denen, die ein Therapieprogramm komplett abschließen, zehn Prozent. Die Abbrecherquote liegt jedoch bei 50 Prozent.

Auch bei der Arbeit mit Fällen von Kindesmißbrauch wird deutlich, daß dringend Therapiemöglichkeiten entwickelt werden müssen. Noch vor kurzem hatten SozialarbeiterInnen keine andere Wahl, als ein Kind aus einer Familie, in der es einen Kindesmißbraucher gab, herauszuholen und in einem Heim oder einer Pflegefamilie unterzubringen oder alternativ darauf zu bestehen, daß der Mißbraucher das Haus verläßt. Wenn der Mißbraucher auf diese Weise weggeschickt wird, hat das nur zur Folge, daß weitere

Kinder in Gefahr geraten und sich das Trauma, das das Kind erlebt hat, weiter verschlimmert.

Aus diesem Grunde hat der Autor die Einrichtung des ersten stationären Therapiezentrums (außerhalb von Strafanstalten) für sexuelle Kindesmißbraucher aktiv unterstützt und plant weitere Zentren. Jetzt wird Kindesmißbrauchern die Therapie an der *Gracewell Clinic* bei Birmingham bei Strafaussetzung zur Bewährung zur Auflage gemacht. Das Therapieprogramm der Klinik wird mehr und mehr zu einer Alternative zur Haftstrafe. In einigen Fällen ist es möglich, der gesamten Familie eine Therapie anzubieten, wobei Frau und Kinder auf ambulanter Basis teilnehmen. Zur Zeit wird eine Gruppe für Ehefrauen eingerichtet, damit sie ihre Erfahrungen miteinander teilen und für sich selber Möglichkeiten finden können, weiterzukommen.

Ein Behandlungsziel ist es, den Täter an einen Punkt zu bringen, an dem er zunächst sich selbst und anschließend – unter therapeutischer Aufsicht – dem Kind oder den Kindern gegenüber, die er mißbraucht hat, die volle Verantwortung für seine Taten übernehmen kann. Das befreit das Mädchen oder den Jungen von einem Teil ihrer/seiner Schuldgefühle und macht es ihr/ihm möglich, irgendwann zu verstehen, was geschehen ist, anstatt in einer Abwehrhaltung zu verharren. Manchmal erkennen sowohl die Täter als auch die Familien die volle Tragweite dessen, was passiert ist, und gelangen gemeinsam an einen Punkt, an dem sie mit den Konsequenzen fertig werden können. In solchen Fällen können die Täter tatsächlich in ihre eigenen Familien zurückkehren und brauchen nicht in die Gesellschaft hinausgestoßen zu werden.

Gracewell ist ein erster Schritt auf dem Weg, das Problem sexuellen Mißbrauchs an seiner Wurzel zu packen: Hier bekommen Männer, die Kinder mißbrauchen, Werkzeuge an die Hand, mit deren Hilfe sie sich kontrollieren können. Bisher gibt es – ob in Strafanstalten oder anderswo – kaum andere konstruktive Behandlungsmaßnahmen für die verschiedenen Sexualstraftäter. Die wenigen Therapieprogramme, die es gibt, leben zu einem überwiegenden Teil vom Engagement der Einzelpersonen, die sie durchführen.

Großbritannien hat sich bisher nur wenig für eine Behandlung von Sexualstraftätern interessiert, trotzdem ist dies eindeutig die beste Möglichkeit, diese Art von Verbrechen zu reduzieren. In Norden von Florida läuft zur Zeit ein anderes Versuchsprogramm: Hier haben Männer die Möglichkeit, zunächst einen Aufschub für ihr Urteil zu erwirken, um dann im Rahmen einer Art Sicherungsverwahrung an einer Therapie teilzunehmen, die bis zu fünf Jahre dauern kann. Während des anschließenden Gerichtsverfahrens werden die Fortschritte, die sie während ihrer Behandlung gemacht haben, berücksichtigt. Vielleicht läßt sich dieses Modell nicht unbedingt auf hiesige Verhältnisse übertragen, es zeigt jedoch, daß es unterschiedliche innovative Ansätze gibt, wie wir mit Vergewaltigung und sexuellem Mißbrauch umgehen können.

Ein Grund für das geringe Interesse an der Entwicklung von Therapiekonzepten für Täter sind vermutlich die Kosten. Noch geht der Staat davon aus, daß die Folgen der Vergewaltigungen jeweils von den einzelnen getragen werden, und er sieht keinen Grund, das zu ändern. Tatsächlich hinterlassen die Konsequenzen von Vergewaltigung und sexuellem Mißbrauch jedoch sowohl im wirtschaftlichen als auch im sozialen Bereich deutliche Spuren.

Wenn unsere Schätzungen über die Zahl der Opfer von Sexualstraftaten korrekt sind, dann entstehen enorme Kosten: Arbeitstage fallen aus, die Opfer werden immer wieder von Angst und Unruhe erfaßt und können sich am Arbeitsplatz nicht konzentrieren, ihr Wille, zum Wohl der Gemeinschaft beizutragen, ist gebrochen, Frauen werden in ihrer Bewegungsfreiheit eingeschränkt, etc.

Es gibt auch Trainingsprogramme, die gut gemeint, aber unprofessionell sind und mehr schaden, als sie nützen. Ein Straftäter, dessen soziale Fähigkeiten nur sehr mangelhaft ausgebildet waren, besuchte eine Woche lang einen Workshop zum Thema: »Richtiges Telefonieren.« Anschließend wurde er bei einem obszönen Anruf gefaßt. Es kommt auch vor, daß Vergewaltiger soziale Techniken lernen, ohne daß dabei irgendwelche therapeutische Arbeit geleistet würde. Solche Kurse erhöhen nur ihre Effektivität als Vergewaltiger.

Die Gefahr, daß wir das Angebot der Behandlung von Sexualstraftätern für effektiver halten, als sie tatsächlich ist, ist groß. In einer Sitzung sagte ein Mann, er werde nach Abschluß der Therapie auf keinen Fall nach Hause zurückgehen. Ein anderer fragte ihn, was er tun würde, wenn er eine Frau kennenlernen würde und es sich später herausstellte, daß sie Kinder hätte. In diesem Moment wurde ihm klar, daß er immer noch versucht war, eine Beziehung zu einer Frau aufzubauen, um an ihre Kinder heranzukommen.

Zu einer effektiven Behandlung gehören folgende Punkte:

- Erfahrungsaustausch mit anderen bestehenden Therapie-Initiativen
- die Einrichtung von Therapieprogrammen in Strafanstalten
- die Einrichtung spezieller Therapie- und Beratungszentren außerhalb von Strafanstalten, mit denen Straftäter nach ihrer Entlassung in Kontakt bleiben können und wo sich jeder, der sich Gedanken um seine sexuellen Neigungen macht, ohne Angst vor Kritik oder Strafverfolgung beraten lassen kann

– die Einführung neuer Gesetze, in denen Vergewaltiger und Sexualstraftäter verpflichtet werden, nach ihrer Entlassung mit einem solches Zentrum in Kontakt zu bleiben.

Die Behandlung der Ursachen braucht sich nicht in der Behandlung der Täter zu erschöpfen. Ganz wichtig sind sozialpolitische Maßnahmen, vor allem, was die Unterstützung sozial schwacher Gruppen angeht. Notunterkünfte für Familien mit alleinerziehenden Müttern haben wir oben schon erwähnt. Sie stehen stellvertretend für das Versagen unserer gesamten Sozialpolitik.

Wir brauchen ein öffentliches Forschungsprogramm, das die sozialen Ursachen, die zu Mißbrauch führen, gezielt untersucht, damit eine effektive Präventivstrategie erarbeitet werden kann. Aber wir brauchen auch Sofortmaßnahmen, um sozial schwachen Familien zu helfen, bevor sie vollständig in die Armut abrutschen und an den Rand der Gesellschaft und in Verwahrlosung und Isolation gedrängt werden.

Wenn Kinder unsere Zukunft sind, wie unsere PolitikerInnen uns so gern erzählen, müssen wir endlich begreifen, wie gravierend sexueller Mißbrauch ist und welche Folgen er sowohl für unsere Kinder als auch für unsere gesamte Gesellschaft hat. Wir müssen uns aktiv dafür einsetzen, die Ursachen zu verstehen und in den Griff zu bekommen.

Was die Verbrechensermittlung angeht, so ist nach Meinung vieler Polizisten eine zentral gelenkte Arbeitsgruppe notwendig, die Kindesmißbrauch und Kinder-Pornographie auf die gleiche Weise untersucht wie bewaffneten Raub, Drogenhandel und Betrug. Solche Arbeitsgruppen warten nicht einfach, bis ein Verbrechen geschieht. Sie sind bereits im Vorfeld tätig und machen sich ein Bild von den sozialen Zusammenhängen, in denen Kriminalität entsteht und gedeiht. Sie würden gezielt pädophile Kommunikationsmittel untersuchen und zum Beispiel Anzeigen in Zeitschriften nachgehen, die eindeutig pädophiler Natur sind. Ein solcher Ansatz ist bei Gewaltverbrechen an Menschen, vor allem bei Vergewaltigung, sicherlich gerechtfertigt, wenn wir wirklich der Meinung sind, daß Menschen wichtiger sind als Geld.

Öffentlichkeit und Medien

Es gibt bereits eine ganze Reihe von Initiativen gegen frauenfeindliches Verhalten, aber wir brauchen uns nur anzuhören, wie Schuljungen über Mädchen sprechen, oder uns bewußt zu machen, wie bestimmte Zeitungen oder TV-Komiker Sex, Softpornos und Vergewaltigung immer noch in einen Topf werfen, um zu erkennen, wie verbreitet solches Verhalten in unserer Gesellschaft ist.

Rape Crisis berät nicht nur Vergewaltigungs-Überlebende, sondern organisiert auch Aktionen gegen frauenfeindliches Verhalten und übt immer wieder Kritik an Zeitungen, die Berichte über Vergewaltigungen auf denselben Seiten veröffentlichen wie Pin-up-Girls und Leser quasi dazu auffordern, Frauen ausschließlich als Sexualobjekte wahrzunehmen.

Vergewaltiger und Kindesmißbraucher brauchen die Rechtfertigungen für ihre Taten nicht erst zu erfinden. Die Mehrheit der Gesellschaft teilt ihre Haltung.

Die häufige Behauptung von Vergewaltigern, Frauen wollten vergewaltigt werden, bekam erst kürzlich in den Vereinigten Staaten den Segen einer Jury von Geschworenen, die einen Mann vom Vorwurf der Vergewaltigung freisprach, weil sein Opfer einen Minirock getragen und ihn dadurch herausgefordert habe.

Die Zeitung *Sunday Sport* schrieb in einem Artikel über die Vergewaltigung eines Photomodells, man könne leider nicht näher auf den Fall eingehen, weil die Details nicht ganz jugendfrei seien. Wer jedoch mehr wissen wolle, könne eine bestimmte Telefonnummer anrufen, unter der die vergewaltigte Frau auf einem Band nähere Einzelheiten berichten werde.

Mehrere obszöne Anrufer haben uns erzählt, sie könnten in männlicher Gesellschaft über ihre Aktivitäten Witze machen und sich darauf verlassen, daß die anderen mitlachten. Vergewaltigung ist oft Gegenstand von Witzen, auf der Bühne und im wirklichen Leben, und viele dieser Witze basieren auf der Vorstellung, Frauen könnten entkommen, wenn sie wirklich wollten.

Wenn Frauen so dargestellt werden – auch das ist Pornographie –, ist das wesentlicher Bestandteil der tief verwurzelten gesellschaftlichen Meinung, Frauen seien ebenso wie Kinder Eigentum des Mannes. Und weil diese Meinung dominiert, werden Menschen und Organisationen, die für ein Pornographie-Verbot eintreten, offen ausgelacht. Spott läßt sich nur dort als Waffe einsetzen, wo er die Unterstützung der Mehrheit findet. Dabei ist es eine Tatsache, daß viele Vergewaltiger und Kindesmißbraucher Pornographie einerseits als Stimulans für ihre regelmäßigen Überfälle und andererseits als Rechtfertigung benutzen. Für sie stellt Pornographie den Beweis dar, daß Frauen – und in geringerem Umfang auch Kinder – in unserer Gesellschaft vorwiegend als Sexualobjekte gelten: Sie warteten nur darauf, aufgelesen und von fremden Männern sexuell benutzt zu werden.

Trotz der Tatsache, daß zur Herstellung von Kinder-Pornographie Mädchen und Jungen mißbraucht werden müssen und daß die Mehrheit der Männer, die sie benutzen, Kinder zumindest sexuell belästigen, gilt das Sammeln solcher Pornographie in weiten Kreisen als relativ unverdächtig. Kürzlich verglich ein Berufungsrichter während einer Verhandlung das Sammeln von Kinder-Pornographie mit dem von Zigarettenschachteln. Die herrschende Vorstellung von Frau und Kind als Eigentum des Mannes erklärt viele der grotesken Gerichtsurteile auf diesem Gebiet. In Großbritannien gilt Vergewaltigung in der Ehe bisher noch nicht als Straftat und ist weit davon entfernt, vor Gericht als solche betrachtet zu werden.[40] Dies wäre jedoch ein wichtiger Schritt nach vorn, denn damit würde anerkannt, daß die Frau ein Recht auf ihren eigenen Körper besitzt und daß sie selbst im Rahmen einer sexuellen Beziehung das Recht hat, nein zu sagen.

Wir haben bereits erwähnt, daß Vergewaltiger und Kindesmißbraucher mit Vorliebe einseitige Gerichtsurteile in ihr Arsenal von Rechtfertigungen aufnehmen. Ein ganz wichtiger und spannender Aspekt der Therapie von Sexualstraftätern ist das Herausarbeiten der Erkenntnis, daß es sich bei solchen Rechtfertigungen um Ausreden handelt. Therapeuten stellen fest, daß sie solchen Männern nicht nur helfen können, ihre eigene verdrehte Logik zu erkennen, sondern auch die der ganzen Gesellschaft. Und das gelingt ihnen, indem sie den Täter zu der Erkenntnis bringen, was wirklich mit dem Opfer geschieht.

Die Beratung und Therapie männlicher Sexualstraftäter zeigt uns immer wieder, daß sie sich gar nicht so völlig anders benehmen als manche Leute, die sich für normale und ehrenwerte Mitglieder der Gesellschaft halten. Die Grenzlinie zwischen dem Kindesmißbraucher und dem Mann, der selbstbewußt vor seinen Altersgenossen prahlt, er habe sich von einem Schulmädchen »einen runterholen lassen«, ist ganz schmal – vergleichbar auch mit dem Fall des soziopathischen Vergewaltigers, der aus experimentellen Gründen oder aus einer Laune heraus lieber ein Kind vergewaltigt als eine erwachsene Frau.

Kinder werden in kommerziellen Anzeigen und in der Pornographie als Sexualobjekte porträtiert: verlockend und verboten.[41] Und die volkstümliche Vorstellung vom Mann als Jäger oder

Aggressor und von der Frau als Beute, sexuell verfügbar und mit dem Wunsch nach Unterwerfung, trägt ebenfalls dazu bei, den Täter in seiner Selbstgefälligkeit zu bestärken.

Wir müssen eine Basis für eine liebe- und respektvollere Beziehung zwischen Männern und Frauen und auch zwischen Erwachsenen und Kindern schaffen. Es kann nicht klar genug gesagt werden, daß Frauen und Kinder nie dafür verantwortlich sind, wenn sie vergewaltigt und mißbraucht werden. Männer müssen sich selbst für ihre eigene Gewalttätigkeit zur Rechenschaft ziehen. Wir haben jedoch die soziale Verantwortung zu verstehen, warum so viele Männer sich trotz der Strafe, die ihnen droht, in Gewalt flüchten.

Diese Gesellschaft stellt für Frauen eine Gefahr dar, solange viele Leute glauben, daß nette Mädchen nicht vergewaltigt werden, daß Frauen, die vergewaltigt werden, es nicht anders gewollt haben, daß Frauen ja meinen, wenn sie nein sagen, daß Frauen sich gern ab und zu rauh anfassen lassen und daß man niemanden vergewaltigen kann, der oder die nicht vergewaltigt werden will.

Männer, die so etwas im Spaß oder im Ernst behaupten, sollten sich vielleicht einmal vor Augen führen, was Christine erlebt hat. Als sie vergewaltigt wurde, war sie dreizehn. Auf dem Weg von einem Fußballspiel nach Hause wurde sie von zwei Männern, von denen sie einen kannte, in ein Auto gezerrt. Sie fesselten sie. Jeder vergewaltigte sie zweimal. Sie drohten, sie würden ihre Mutter töten, wenn sie sie verriete. Ein paar Monate später – sie hatte niemandem etwas erzählt – stellte sich heraus, daß sie an einer Gonorrhoe litt. Dann erst sprach sie über die Vergewaltigung. Im Laufe der Jahre hat sie unter anderem folgende Konsequenzen erlebt:
– medizinische Behandlung einer Geschlechtskrankheit
– zwei Ausschabungen

- Entfernung des rechten Eierstocks
- keinerlei Interesse mehr an sexuellem Verkehr mit ihrem Mann, den sie mit siebzehn geheiratet hatte
- Schmerzen während des Verkehrs
- ständig wiederkehrende Gedanken an die Vergewaltigung
- Alpträume und Schlaflosigkeit
- Scheidung
- zahlreiche Aufenthalte in psychiatrischen Kliniken.

ANHANG

Anmerkungen

1 In der Bundesrepublik werden jährlich rund 8.000 Vergewaltigungen angezeigt. Die Dunkelziffer wird jedoch auf ungefähr 200.000 Fälle geschätzt. Alle Angaben nach DER SPIEGEL 11/1991. (Anm. des Verlags)

2 Hicks u. Platt, Medical Treatment for the Victim. The Development of a Rape Treatment Centre, in: M. J. Walker u. S. L. Brodsky (Hg), Sexual Assault. Lexington 1976.

3 Company, September 1989.

4 R. Freeman-Longo u. R. V. Wall, Changing a lifetime of sexual crime, in: Psychology Today, Bd. 20, Nr. 3, März 1986, Washington DC.

5 S. L. Brodsky, Prevention of Rape: Deterrence by the Potential Victim, in: M. J. Walker und S. L. Brodsky (Hg), Sexual Assault (vgl. Anm. 2).

6 T. A. Giacinti u. C. Tjaden, The Crime of rape in Denver. Examination of police records. Ein Bericht, 1973.

7 Daily Mail, 9. Juli 1986, London.

8 M. Amir, Patterns in Forcible Rape, University of Chicago Press, 1971.

9 A. N. Groth, Men Who Rape, Plenum Press, New York 1979. (Mehr über die Darstellung verschiedener Tätertypen und ihrer Verhaltenszyklen in: Ray Wyre, Working With Child Abuse, Perry-Swift Press, Oxford 1987.)

10 Lt. W. Benz, Sexuell anstößiges Verhalten, Lübeck 1982, gilt solches Verhalten als taktiler Exhibitionismus, zählt zu den unecht exhibitionistischen Erscheinungen, und die Täter werden als Frotteure bezeichnet. (Anm. der Übersetzerin)

11 Die Geschichte stammt von Gabriela Silva Leite. Sie hat früher als Prostituierte gearbeitet, ist jetzt als Sprecherin der Prostituiertenbewegung in Brasilien für internationale Kontakte zuständig und koordiniert z. Zt. für ISER, ein Institut für Religionsforschung in Rio de Janeiro, ein Informations- und Untersuchungsprojekt zum Thema Prostitution. Ihre Geschichte soll hier nicht dazu dienen, einige Leute in ihrer Meinung zu bestärken, eine Prostituierte könne man nicht vergewaltigen. Solche Leute verwechseln den Sex, den eine Prostituierte verkauft, mit einem durch Gewalt begangenen Raub.

12 J. V. Becker u. a., The effects of sexual assault on rape and intended rape victims, in: Victimology, An international Journal, Vol. 7, No. 1-4 ,1982, S. 106-113.

13 Über das Herstellen einer solchen Verbindung wäre noch viel zu sagen. Die einzelnen Methoden lassen sich jedoch besser im Rahmen eines Trainingskurses vermitteln als schriftlich.

14 ... und auch die deutschen Notrufe und Beratungen. (Anm. d.Ü.)

15 ... oder im Anhang auf S. 124, der Tageszeitung und ganz bestimmt in Ihrem Stadtmagazin. (Anm. d.Ü.)

16 N. Cager u. C. Schuur, Sexual Assault. Confronting Rape in America, Grosset & Dunlap, 1976.

17 *National Society for the Prevention of Cruelty to Children*, Stiftung zum Schutz von Kindern. (Anm. d.Ü.)

18 Men Who Molest Children, *Thames Television TV eye*, 12. u. 19. 12. 1985. Zweiteilige Fernsehsendung über den sexuellen Mißbrauch an Kindern.

19 S. Creighton u. P. Noyes, Child Abuse Trends in England & Wales, NSPCC, 1989.

20 Der Autor arbeitet hauptsächlich mit verurteilten Tätern – deshalb häufig mit fixierten und regressiven Pädophilen, da die Taten der sadistischen Täter noch seltener angezeigt werden. (Anm. d.V.)

21 K. B. Lanning unterscheidet in: Child Molesters – A Behavioural Analysis. National Centre for Missing & Exploited Children, Washington 1986, zwischen »Präferenz-« und »situativen Kindesmißbrauchern«.

22 Lord Lane ist seit 1980 *Lord Chief Justice of England* (Lordoberrichter). Als solcher ist er sowohl Vorsitzender der *Queen's Bench Division* des *High Court of Justice* (Zivilrecht) als auch der *Criminal Division* des *Court of Appeal* (Strafrecht). Er ist nach dem *Lord Chancellor* der zweithöchste Richter. (Anm. d.Ü.)

23 Das Richterrecht (*Common Law* und *Equity*) wird in England ständig durch Einzelgesetze korrigiert und vervollständigt. (Anm. d.Ü.)

24 R. Wyre, Why Do Men Abuse Children?, in: T. Tate, Child Pornography, Methuen, 1990.

25 R. Carter, School for Scandal, in: She (Zeitschrift), Oktober 1989.

26 R. Gelles u. a., Child Abuse and Neglect. A Biosocial Dimension, Aldine de Gruyter, 1988.

27 In Deutschland stellt sich der Arbeitsmarkt für Frauen anders dar. (Anm. d.Ü.)

28 A. Allsebrook u. A. Swift, Broken Promise – The World of Endangered Children, Headway/Hodder & Stoughton, Sevenoaks 1989, S. 27.

29 ebda., S. 13.

30 Kidscape, 82 Brooke Street, London SW1, Großbritannien.

31 Zahlreiche Hinweise über Maßnahmen, die das Wohl von Kindern gewährleisten, finden sich in dem Buch: U. Enders (Hrsg.), Zart war ich, bitter war's. Sexueller Mißbrauch an Mädchen und Jungen, Volksblatt Verlag, Köln 1990. (Anm. d. V.)

32 *Grange Hill* ist eine Kinderserie, handelt von Kindern in der Schule und ist relativ wirklichkeitsnah. Die Serie wurde für Kinder konzipiert, ist aber auch bei Erwachsenen beliebt. (Anm. d. Ü.)

33 Praxisberichte aus der Bundesrepublik belegen, daß Frauen, die aktiv an Formen sexueller Gewalt gegen Kinder beteiligt sind, fast immer vom Partner zu diesen Handlungen gezwungen werden. Vgl. U. Enders, (Hrsg.) Zart war ich, bitter war's, a.a.O. (Anm. d. V.)

34 In der Bundesrepublik sind exhibitionistische Handlungen (obszöne Anrufe gelten als verbaler Exhibitionismus) im Höchstmaß mit einer Freiheitsstrafe bis zu einem Jahr bedroht. Geldstrafe ist der Regelfall (vgl. W. Benz, Anm. 10). (Anm. d. Ü.)

35 Bei uns kostet eine neue Nummer ebenso wie eine Geheimnummer z. Zt. DM 65,-. Die Geheimnummer muß mit einer kurzen Begründung, die jedoch formlos sein kann, bei der Post beantragt werden. (Anm. d. Ü.)

36 Hier müssen sicherlich die Datenschutz-Bestimmungen berücksichtigt werden. (Anm. d. Ü.)

37 Bei uns richtet die Post auf Antrag eine Fangschaltung ein. Die Fangschaltung kostet z. Zt. DM 80,- für zwei Wochen, funktioniert jedoch nur bei Ortsgesprächen. (Anm. d. Ü.)

38 »[In der BRD] ist die Untersuchung [...] [von] Personen, die nicht Beschuldigte sind, zulässig, wenn sie als Zeugen in Betracht kommen (81c StPO). Bei diesen darf der Zweck der Untersuchung jedoch nur die Feststellung bestimmter Spuren oder Tat-

folgen sein. Die Untersuchung muß ferner zumutbar sein. [...] Die Untersuchung kann aber entsprechend dem Zeugnisverweigerungsrecht verweigert werden.« Vgl. E. Brießmann, Strafrecht und Strafprozeß von A-Z, München 1987.
Das Projekt »Frauen gegen Gewalt«, Berliner Platz 31, 5300 Bonn 1, hat eine Zusammenstellung der Schritte der medizinischen Untersuchung nach einer Vergewaltigung erarbeitet. Sie kann dort angefordert werden. (Anm. d.Ü.)

39 »[In der BRD] kann beantragt werden, daß der Angeklagte während der Aussage der Überlebenden den Gerichtssaal verläßt. Aus: Gisela Leppers, Anzeige und Gerichtsverfahren, in: Trotz allem, Berlin 1990. (Anm. d.Ü.)

40 Vergewaltigung in der Ehe ist nach einem Urteil des höchsten britischen Berufungsgerichts vom 14. März 1991 in Großbritannien ebenso strafbar wie außereheliche Vergewaltigung.
Damit revidierte der fünfköpfige Senat unter Vorsitz des Lordoberrichters Lord Lane eine Rechtspraxis aus dem 18. Jahrhundert, derzufolge die Ehefrau ihrem Manne in *jedem Falle* sexuell zu Willen sein müsse. Die Richter erklärten, daß die Zeit nun reif dafür sei, daß das Gesetz erkläre, daß ein Vergewaltiger ein Vergewaltiger sei. (Anm. d.V.)

41 Im Original führen die Autoren den Ausdruck »jailbait« an. »Jailbait« (wörtlich Knast-Köder) steht für ein junges Mädchen unter 16 Jahren, dessen Verführung zum Beischlaf strafbar ist. Der Ausdruck ist recht gebräuchlich und impliziert, daß hier etwas verboten ist, aber Spaß macht. Im Deutschen haben z. B. »süßes Früchtchen« oder »Lolita« eine ähnliche Konnotation. (Anm. d.Ü.)

42 In Großbritannien und den Vereinigten Staaten gibt es festangestellte, voll bezahlte BewährungshelferInnen. Wyre arbeitete beim Amt für Bewährungshilfe des County Hampshire. (Anm. d.Ü.)

Hilfreiche Adressen

Unter den nachstehenden Adressen können weitere Informationen zum Thema »Sexuelle Gewalt« angefordert werden. Dort erfahren Sie auch die Adresse der Beratungsstelle, die sich in Ihrer Nähe befindet. In der Regel helfen Ihnen auch die örtlichen Frauenberatungsstellen weiter.
In vielen Städten der Bundesrepublik existieren direkte Anlaufstellen für vergewaltigte Frauen und Opfer sexueller Gewalt – hier eine Auswahl:

Wildwasser e.V.
Mehringdamm 50
1000 Berlin 61

Zartbitter e.V.
Stadtwaldgürtel 89
5000 Köln 41
Tel.: 0221/ 40 57 80

Dolle Deerns e.V.
Juliusstraße 16
2000 Hamburg 50
Tel.: 040/ 439 41 50

I.M.M.A e.V.
Baldestraße 8
8000 München
Tel.: 089/201 47 70

Notrufe für vergewaltigte Frauen

1000 *Berlin* 61: c/o FZ Stresemannstraße 40, Tel.: 030/251 28 28
2390 *Flensburg:* Postfach 1545, Tel.: 0461/29 001
4000 *Düsseldorf* 1: Ackerstraße 144, Tel.: 0211/68 68 54/79
4100 *Duisburg 1*: Grabenstraße 20, Tel.: 0203/35 82 56
5000 *Köln* 30: Glasstraße 74, Tel.: 0221/56 20 35
6000 *Frankfurt* 1: Hamburger Allee 45, Tel.: 069/70 52 95
6600 *Saarbrücken:* Nauwieserstraße 19, Tel.: 0681/36 767
6900 *Heidelberg:* Bunsenstraße 19, Tel.: 06221/13 643
7000 *Stuttgart* 1: Kernerstraße 31, Tel.: 0711/29 64 32
8000 *München:* Güllstraße 3, Tel.: 089/ 76 37 37

Die Autoren

Ray Wyre ist in Großbritannien dadurch bekannt geworden, daß er als einer der ersten Therapieangebote für männliche Sexualstraftäter aufgebaut hat. Wyre ist Gründer und Direktor der *Gracewell Clinic* in der Nähe von Birmingham/GB. Dort führt er mit Hilfe eines multi-disziplinären Teams Therapieprogramme durch. In *Gracewell* wurden zum ersten Mal Therapieangebote für Kindesmißbraucher entwickelt und durchgeführt.

Zuvor hatte Ray Wyre in Hampshire als Bewährungshelfer gearbeitet[42] und dabei in einer Strafvollzugsanstalt ein umfangreiches Behandlungsprogramm für Vergewaltiger und sonstige Sexualstraftäter entwickelt und vier Jahre lang durchgeführt. Der Einblick in Gedanken und Handlungsweise von Sexualstraftätern, den dieses Buch vermittelt, entstammt Wyres Fachkenntnis und seiner langjährigen Erfahrung aus therapeutischen Gesprächen, der Durchführung von Therapieprogrammen und der Gruppenarbeit mit diesen Männern.

1984 erhielt Ray Wyre ein Forschungsstipendium (*Churchill Fellowship*) zur Untersuchung der Behandlung von Tätern und Opfern und der Vorgehensweisen der Polizei bei der Aufklärung von Sexualverbrechen in den Vereinigten Staaten. Er vertritt die Ansicht, daß eine Haftstrafe ohne therapeutische Maßnahmen und die anschließende Entlassung solcher Täter in die Gesellschaft nur dazu führen, daß die Übergriffe auf Frauen immer brutaler werden. Wyre ist ein anerkannter Referent bei Seminaren und Konferenzen über Sexualstraftaten und Kindesmißbrauch; er leitet Übungskurse und wird immer wieder von den Medien als Fachmann herangezogen.

Anthony Swift arbeitet als freischaffender Journalist und Autor. Er trug zu diesem Buch zahlreiche Ideen bei, und half, die einzelnen Themenbereiche zu strukturieren und zu entwickeln, und war – in enger Zusammenarbeit mit Ray Wyre – weitgehend für das Schreiben des Buches verantwortlich. Er war viele Jahre in Südafrika tätig und schreibt als Journalist speziell über Kindesmißbrauch, andere soziale Themen und Rassenkonflikte.

Und bist Du nicht willig...
Die Täter
ist nur eins der Bücher, die im Volksblatt Verlag in der Reihe
Sexuelle Gewalt erschienen sind. Die Reihe entstand in enger Zusammenarbeit mit Zartbitter e.V. in Köln und wird von Ursula Enders als Herausgeberin betreut. Weitere Titel sind:

Ursula Enders (Hg.)
Zart war ich, bitter war's
Sexueller Mißbrauch an Mädchen und Jungen
4. Auflage, 304 S., Hardcover, DM 39,80
Das Buch thematisiert erstmals ausführlich die Verhältnisse in der Bundesrepublik und gibt praktische Hinweise für Eltern, Pädagogen, Ärzte, Psychologen und Institutionen, wie sie Kinder vor Mißbrauch schützen und betroffenen Kindern helfen können.

Ursula Enders / Johanna Stumpf
Mütter melden sich zu Wort
Sexueller Mißbrauch an Mädchen und Jungen
150 Seiten, br., DM 19,80
In der lebhaften Diskussion um sexuellen Mißbrauch an Mädchen und Jungen wurde eine Gruppe von Betroffenen bislang kaum beachtet: die Mütter. Nur wenige machten sich die Mühe, die Situation der Mütter mißbrauchter Kinder zu verstehen oder sich gar mit ihren Problemen auseinanderzusetzen. Das Buch »Mütter melden sich zu Wort« zeigt erstmals, mit welchen Schwierigkeiten Mütter mißbrauchter Kinder konfrontiert sind.

Außerdem bieten wir **Materialien** zum Thema an:

Zartbitter e.V. (Hg.)
Sag' Nein, geh' weg und sprich darüber
Materialien gegen sexuellen Mißbrauch
3 Plakate incl. Informationsmaterial
Din A1, vierfarbig, DM 24,80
Verpackt in der Rolle.
Plakate: Mädchen sagt »Nein« / »Dein Körper gehört Dir!« / »Mein Körper gehört mir!«

Weitere Bücher und Materialien sind in Vorbereitung.
Wenn Sie mehr wissen wollen oder laufend über unser Programm informiert werden möchten, schreiben Sie uns oder rufen Sie uns an.

Telefon 02 21 / 31 70 87   Fax 02 21 / 31 47 11
VOLKSBLATT VERLAG
Sachsenring 2-4   Postfach 250 405   5000 Köln 1

0006